Datenrettung

Eine Sache des Vertrauens

Ursachen, Prävention, Strategie, Marktüberblick

6te Ausgabe 2022 aktualisiert

Autor: Christian Bartsch

Ausgabe: 6te Ausgabe 2022
ISBN: 979-8-8325-1992-0

Ältere Ausgaben: 1ste 2011, 2te 2013, 3te 2017, 4te 2019, 4.2te 2020, 5te Ausgabe 2020

Herausgeber:
ACATO GmbH, Ismaninger Str. 154, 81675 München, Deutschland
www.acato.de

Revisions-Nr. 6.0 / 2022-05-28 — 12-33

1 Inhalt

1 Einleitung

Computerprobleme können beunruhigend wirken, wenn man sie nicht mit einem Klick loswird. Wenn die Festplatte oder der USB-Stick zum Problem wird, dann erlebt der betroffene Nutzer den Supergau.

Warum kommt man überhaupt in die Notlage, eine Datenrettung zu benötigen? Man kann präventiv vorgehen. Welche Maßnahmen nützen im Ernstfall nichts? Als Geschäftsführer einer Kapitalgesellschaft haftet man für Versäumnisse, bei einem deutlich sichtbaren Risiko sich angemessenen Schutzmaßnahmen entgegen gesetzt zu haben. Was also tun?

Wie findet man einen echten Experten? Das sollte doch nicht so schwer sein? Die Suche nach einem qualifizierten Spezialisten ist nicht so leicht. Beim Vergleichen der Angebote, ist man bald von so vielen abweichenden Angebotsinhalten überwältigt. Aus meiner Sicht sind alle Daten auf den Festplatten oder anderen Datenträgern eine Sache des Vertrauens.

Wie sollte eine Datenrettung überhaupt ablaufen, damit ich auf der sicheren Seite bin? Je besser man das Risiko versteht, desto effektiver kann man sich vor Schaden schützen. Geschädigte Unternehmen sollten sich professionell helfen lassen, statt sich erneut einem hohen Risiko auszusetzen. Man wird nie eine perfekte Sicherheit erreichen.

Datenverlust ist ein komplexes organisatorisches, psychologisches und wirtschaftliches Problem. Die Datenrettung zeigt dann die Grenzen der Technik, dieses dreigliedrige Problem zu lösen; was sich für den Betroffenen als persönliches Fiasko niederschmetternd erweist.

Damit Sie wieder Vertrauen und Sicherheit in Ihrem Unternehmen verankern, lade ich Sie ein mitzukommen auf unsere Reise in die Welt der Datenrettung.

Ihr

Christian Bartsch

PS: Wollen Sie meine besten Tipps wie man sein Unternehmen besser vermarket? Der Markt der Datenrettung ist hart umkämpft! Die richtige Strategie für einen Markteintritt egal in welcher Branche kann über Erfolg oder dauerhaftem Kummer entscheiden. Ein Leitfaden hilft bei der täglichen Arbeit.

Dann sollten Sie jetzt unbedingt jetzt klicken!

Oder Sie können hier auf Link klicken: **academy.acato.de**

Auf was warten Sie?

Vertrauen Sie mir: Es wird sich lohnen für Sie neues zu lernen!

2 Ursachenforschung

Datenverluste ereignen sich entweder aufgrund von technischem Versagen oder menschlichen Irrtums. Als Fehleinschätzung kann man eine blauäugige Erwartungshaltung an die Technologie, ungenügende Bewertung von Risiken bei der Investitionsplanung, aber auch administrative Handlungen ohne Sachkenntnis oder ausreichender Konzentration nennen.

Zunächst einmal erfahren Sie die technischen Ursachen aus Sicht des Faktors Verschleiß und sonstiger technischer Einwirkungen ohne direktes Handeln der Systeminhaber.

Bild: Bestandteile eines USB-Sticks mit Hardwareverschlüsselung

2.1 Technische Ursachen

Wenn ein Datenträger oder das steuernde System lahmgelegt ist, spricht man oft von einem Systemausfall. Das kann durch unzählige Fehlermeldungen an der Konsole oder durch ein komplettes Versagen der technischen Bauteile erkennbar sein.

Früher wurden oft Fehlermeldungen über Schreibfehler im Arbeitsspeicher zu Unrecht den eingebauten Festplatten zugeordnet. Der Austausch **vorhandener Speicherriegel** hat dann das störende Problem binnen Minuten behoben.

Nehmen wir nun mal das Beispiel Festplatte. Die meisten Unfälle im Kleingerätebereich ereignen sich durch herunterfallende externe Festplatten und Notebooks. Dieses Risiko besteht bei Servern nur während des Transports. Trotzdem haben auch schon große Unternehmen Server (im 5-stelligen Wert) im LKW **ohne ausreichende Sicherung** zwischen weit entfernten Standorten transportiert. Es ist zwar kein direkter Datenverlust bekannt, aber im Anschluss mussten entsprechende Bauteile ausgetauscht werden.

Wie Sie an diesen Beispielen erkennen, werden viele technische Schäden durch **menschliche Unachtsamkeit** verursacht. Solche Geräte können zwar auch aus Alterungsgründen versagen, jedoch erschließt sich uns kaum ein Grund, die Hersteller hierfür verantwortlich zu machen. Die Speichertechnologie ist eine **sehr junge Wissenschaft**. Sehr innovative Wissenschaftler versuchen in einer extrem kurzen Zeit immer **stabilere und schnellere Datenträger** zu entwickeln. Das führt zu Fehlern.

Bild: Lesekopf einer Festplatte

Im Folgenden werden die einzelnen Systeme kurz erläutert, um zu verstehen, wie es zu den eigentlichen Unfällen aus technischer Sicht kommt.

2.1.1 Festplatten und ihre technischen Probleme

Festplatten sind rotierende Datenträger, sofern diese nicht zur Familie der Flashspeicher (SSD Festplatten) gehören.

In einer Festplatte findet man mehrere rotierende Scheiben die je nach Entwicklungsgrad einseitig oder beidseitig beschrieben werden. Dazu gibt es einen **Schwenkarm mit einem oder mehreren Leseköpfen**. Sobald die Scheiben nach dem Einschalten der Festplatte ihre Betriebsgeschwindigkeit erreichen, verursachen sie einen Luftstrom, der den **Sperrriegel am Schwenkarm** löst. Daraufhin bewegt sich der Arm über die Scheiben.

Bild: Innenleben einer beschädigten Festplatte

Wurde durch einen Fall oder Schlag ein heftiger Stoß auf das Gehäuseinnere ausgelöst, so werden **Leseköpfe, Schwenkarm oder auch die Scheiben selbst,** beschädigt. Das ist das, was man unter dem englischen Begriff „Headcrash" versteht.

Der heftige Stoß verursacht ungewollte Vibrationen und hinterlässt einen beschädigten Leseapparat, der selbst zunehmend aufgrund der **hohen Rotationsgeschwindigkeit** die magnetische Schicht beschädigt.

Da aber bei Festplatten nicht nur mechanische Bauteile existieren, kann auch ein elektronischer Fehler auf der Leiterplatine zu einem Datenverlust führen.

Was man häufig als ersten Rettungsverlust entdeckt, ist der Versuch, die Platine eines **bauähnlichen Geräts anzubringen.** Je mehr Firmware Versionen und Lesekopfselektionsvarianten vorhanden sind, desto höher ist das Risiko die falsche Platine anzuschließen. Damit kann man auf einen Schlag einen massiven Datenschrott verursachen.

Hersteller liefern häufig „vermeitlich" **baugleiche Festplatten** mit unterschiedlichen internen Betriebssystemversionen (=Firmware), da auch sie im Laufe einer Serienfertigung ihre Steuerungssoftware immer weiter perfektionieren. Achtet man nicht darauf, gibt es massive Probleme bei späteren Rettungsversuchen. Andere Formen der **experimentellen Datenrettung** wirken sich so aus, dass wichtige interne Listen gelöscht werden.

UBA	Copy	Id	Size	Module	Importance	Read	Header	CS
679	0	48	1	[LABEL]	Dr	Yes	Ok	Ok
16 607	1	48	1	[LABEL]	Dr	Yes	Ok	Ok
680	0	1D	2	DMCS	C	Yes	Ok	Ok
16 608	1	1D	2	DMCS	C	Yes	Ok	Ok
682	0	1B	50	AT_POL	C	Yes	Ok	Ok
16 610	1	1B	50	AT_POL	C	Yes	Ok	Ok
735	0	64	1	MAXATG	B	Yes	Ok	Ok
16 663	1	64	1	MAXATG	B	Yes	Ok	Ok
759	0	5E	128	EVTLG	Dr	Yes	Ok	Ok
16 687	1	5E	128	EVTLG	Dr	Yes	Error	Ok

Bild: aus PC-3000 Modul Test system

Hier spricht man von den **P- und G-Listen**, die neben den diversen **Steuerungsmodulen** von hoher Wichtigkeit sind. Diese nicht mehr vorzufinden macht die Datenrettung zur Schnitzeljagd.

Sind die **Kontakte** beschädigt, so kann man diese durch **Lötarbeiten** notdürftig umgehen. Ein unprofessionelles Öffnen von Festplatten, muss man immer wieder als Ursache einer Erschwerung von professionellen Datenrettungsbemühungen erkennen.

Oft **basteln Laien ohne Reinraum** und spezielles Werkzeug an ihren defekten Festplatten. Fälle in denen Computerlaien die Scheiben in „gesunde" Festplatten komplett anderer Hersteller einbauen, sind nicht selten. Für solche geöffneten Festplatten sinken die Erfolgschancen der Datenübertragung extrem schnell.

Professionelle Datenrettungsunternehmen verlangen für die Bearbeitung solcher (von fremder Hand) geöffneter Festplatten zusätzliche Bearbeitungshonorare, völlig **unabhängig von den Erfolgsaussichten**.

2.1.2 Flashspeicher und ihre technischen Probleme

Sie werden sicherlich immer wieder den Begriff Flashspeicher im Internet und auf Broschüren gelesen haben. Zu den Flashspeichern gehören **USB-Sticks, Fotospeicherkarten und SSD Festplatten.** Die letzteren sind extrem schnelle aber auch stark gefährdete Datenträger.

Ein Flashspeicher funktioniert ähnlich einem Fußballtor mit einem Ball der entweder an der Torlatte klebt, am Boden liegt oder frei in der Luft schwebt. Je nach dem wo sich der Ball gerade befindet, hat unser Tor den Wert „Null", „Eins" oder „Kein Wert".

Bild: SXS Speicherkarte für Profi-Filmkameras

Was zuvor als extrem gefährliche Situation bei Flashspeicher angedeutet wurde, ist in der Datenrettung der leere Wert. Damit sprechen wir von einem Speicher der **3 verschiedene Werte** haben kann. Bei der Festplatte dagegen finden wir entweder Null oder Eins als Wert.

Ein Flashspeicher kann beim Einstecken in einen USB-Anschluss einen Kurzschluss oder eine Form der **Überspannung** erfahren. Vielleicht war der Nutzer (beim Einstecken der USB-Sticks in den USB-Steckplatz) **elektrisch aufgeladen** oder im Computer floss kurzzeitig eine höhere Spannung als das Gerät hätte vertragen können. Folglich, kann selbst ein neuer USB-Stick noch vor der ersten Benutzung kaputt gehen.

Der Hersteller kann doch kaum etwas für ihre statische Aufladung? Wird der Stick beim Einstecken oder Herausziehen am Computer zu aggressiv behandelt, kann der Nutzer die Kontakte auf der Platine beschädigen. Vielleicht setzt man sich auch versehentlich auf den USB-Stick. Der Flashspeicher hält es aus, aber der Transistor oder andere kleine empfindliche Bauteile werden dabei beschädigt (Wikipedia, 2011).

Bild: Innenleben einer SXS Speicherkarte für Profi-Filmkameras

Wenn jemand zu oft den USB-Stick ohne Abmeldung aus dem Computer herauszieht, kann er die **Datenstruktur** beschädigen. Es führt eher zu einem logischen Fehler mit leichtem Schadenscharakter. Das lässt sich im Normalfall mit den Softwaretools professioneller Datenretter rekonstruieren.

Aber hätten Sie erwartet, dass Kälte ebenfalls Daten vernichten kann? Auch Hitze kann dies bewirken, daher werden in den Flashlaboren klar **vorgegebene Temperaturen** eingehalten, um die hitzeempfindlichen Flashspeicherchips von der Platine zu entfernen.

Es gibt 2 Arten von Flashspeicherchips, wobei am häufigsten die Chips (**TPOS**) mit den seitlich ausstehenden Beinchen (Pins) angetroffen werden. Die zweite Art von Flashspeicherchips stellen die **BGA** (Ball Grid Array) Chips dar, die durch kleine Kügelchen an der Unterseite mit der Platine verbunden sind. Gerade bei BGA Speichereinheiten kann der <u>unsachgemäße Rettungsversuch</u> zu einem <u>extrem hohen Aufwand</u> führen, wenn der fremdverschuldete Schaden überwunden werden soll.

Datenwiederherstellung aus beschädigten Flashspeichern erfordert sehr spezialisierte Geräte und eine Ausbildung. Das benötigte Expertenwissen wird auch in der Kriminalistik eingesetzt, denn oft versuchen Tatverdächtige ihre mobilen Speichergeräte **vor der Beschlagnahmung dauerhaft zu beschädigen**.

Das Auslesen und Entschlüsseln ist kompliziert, da es extrem viele unterschiedliche Bauarten von USB-Sticks und Speicherkarten gibt. Man kann nicht für alle diese unterschiedlichen Sorten bereits dokumentierte Entschlüsselungsformeln vorhalten.

Flashspeicher finden Sie auch in den Fotospeicherkarten, die Sie im Handel erwerben können. Jeder Speicher hat eine andere Bauweise und äußerliche Form. Selbst beim Herausziehen einer Karte aus einer sehr kostspieligen Profikamera kann das Speichermedium beschädigt werden.

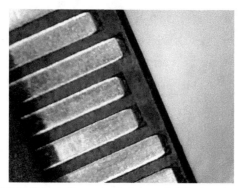

Bild: Kontakten auf einem USB-Stecker

Vielfach haben Profis und Laien Glück bei der Datenwiederherstellung, jedoch müssen wir immer öfter einen statistischen Verlustfaktor feststellen. Haben andere Personen versucht Daten wiederherzustellen, erleben wir bei unsachgemäßer Durchführung eine Verlustquote, die sich streng monoton steigend zeigt.

Auch in digitalen Diktiergeräten, MP3 Playern und Telefonanlagen findet man immer häufiger Flashspeicher. Somit sind Flashspeicher als Datenmedium deutlich auf dem Vormarsch.

2.2 Organisatorische Ursachen

Die Ursachen eines Datenverlustes liegen jedoch auch in der Organisation selbst, denn der Mensch ist der Gestalter der internen Abläufe. Der Mensch entscheidet ob, er in eine Schutzmaßnahme investiert, wie er sie umsetzt oder ob er das Risiko klein redet.

2.2.1 Mangelnde Vorbereitung

Häufig treffen Organisationen keine Vorkehrungen für mögliche Krisensituationen. Im Ernstfall vergrößern Notfallmaßnahmen das Problem. Falscher Ehrgeiz führt gelegentlich zum Totalverlust, da manche Entscheider es für richtig halten, am falschen Platz zur falschen Zeit zu sparen.

Dann werden Mitarbeiter aufgefordert, eigene Reparaturversuche zu unternehmen und so die Ursachen des Schadens zu vertuschen. Wenn dann die notdürftigen Flickversuche misslingen, ist der Schaden bereits deutlich über das Erträgliche hinausgewachsen.

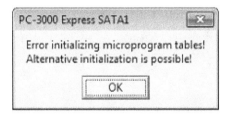

Bild: Fehlermeldung in PC-3000
wegen Flickversuche des Kunden

Das ist dann das teure Ergebnis einer Organisation, die nichts von Vorsorge hält. Selbst wenn Entscheidungsträger die richtigen Anweisungen geben, um externe Experten herbeizuholen, denn ehrgeizige Mitarbeiter setzen sich über die Anweisungen der Vorgesetzten hinweg, um sich durch eigene Problemlösungsversuche zu profilieren. Die Katastrophe ist dann bereits vorprogrammiert.

2.2.2 Sparsamkeit

Diesen unsachgemäßen Reparaturversuchen müssen wir 90% der Totalverluste zuschreiben, denn falsche Sparsamkeit **und Selbstüberschätzung** führen zu unklugen Handlungen. Die schlimmsten Handlungen führen wir auf den Einsatz im Internet kostenlos verfügbarer, **ungeeigneter Datenrettungssoftware** zurück.

Hier versuchen betroffene Anwender mit schlecht abgerufenen Daten eine Sicherung direkt auf die ursprüngliche Quelle zurückzuleiten. Was dann geschieht ist logisch erklärbar. Gesunde Daten werden durch schlampige Kopien überlagert.

Andere versuchen, mehrere Backups mit den falschen Backupbändern durchzuführen und überlagern dabei die verlorenen Daten. Überforderte, **nicht logisch handelnde** Laien nutzen die vom Hersteller mitgelieferte „Recovery-CD", für einen radikalen Kahlschlag auf der Festplatte. Damit geht die **Verzeichnisstruktur** verloren.

Das ist so, als ob man aus einem Buch sämtliche Seiten herausreißt und die Seitenzahlen an den Kanten herausschneidet, um dann diesen Papierwust in eine Plastiktüte zu packen. Das ist für einen Datenretter nicht gerade erfreulich, was er da an digitalem Scherbenhaufen auf dem Datenträger vorfindet.

Natürlich **kann nicht von jedem Anwender erwartet** werden, dass er ein Experte auf dem Gebiet der EDV ist. Es gibt viele sehr gebildete Anwender. Genauso auch sehr vorsichtig agierende Nutzer.

Trotzdem müssen Organisationen **vorsorgen**, indem sie ihre **Mitarbeiter sensibilisieren** und ihnen immer wieder die **richtige Vorgehensweise aufzeigen**. Eine Betriebsvereinbarung oder regelmäßige Rundscheiben helfen in der Problemsituation kaum.

Der Mensch muss aktiv audio-visuell mit den Gefahren konfrontiert werden. Dabei spielt die natürliche Neugierde des Menschen in die Hand der **Befürworter einer Präventionsstrategie**. Etwas zu zeigen und erfahren zu können macht neugierig. Langweilige Belehrungsvorträge machen den Menschen zum Ignoranten.

Es reicht auch nicht, dass Vorgesetzte den Mitarbeiter irgendwelche Aufklärungsdokumente unterschreiben lassen. Das wäre fast so, als ob man die jährliche Inventur des Lagers aus Personalmangel unterlässt, aber die Bestandslisten ungeprüft abzeichnet. Man belügt sich selbst und gewinnt nur ein Gefühl der Pflichterfüllung.

Wenn es aber knallt, dann *will ja niemand dafür verantwortlich* sein. Irgendein Dummer wird schon den Kopf in die Schlinge stecken. Mit solchen Vorgehensweisen werden Organisationen ihre Potentiale und Ressourcen vergeuden, ohne dabei den Schaden für die Volkswirtschaft zu akzeptieren.

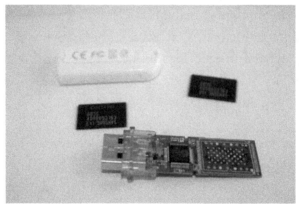

Bild: USB-Stick mit 2 Speicherchips

2.3 Gerätespezifische Ursachen

Um zu verstehen, warum bestimmte Geräte häufiger oder weniger häufig zu einem Datenrettungsfall werden, sollte man das Innenleben des jeweiligen Geräts kennen. Aus den vorangegangenen Einführungen in technische und organisatorische Ursachen, hat man Schicht um Schicht verstanden, **wieso** die verschiedenen Speichertechnologien ausfallen. <u>Nicht jeder Ausfall</u> muss zum dauerhaften Datenverlust führen.

2.3.1 Aufbau von Festplatten

Festplatten der klassischen Bauweise haben mechanische Bauteile, die durch Erschütterung oder Fehlfunktionen gefährdet sind. Auch magnetische Einflüsse stellen Risiken für Festplatten dar.

Daher sollten Unternehmen eine zu hohe Belastung durch **elektromagnetische Wellen** (ESD) vermeiden. Denn nach einer schwedischen Richtlinie sind bei Arbeitsplätzen **maximal 0,2 Mikrotesla als Grenzwert** anzusetzen. Bei 0.3 *flimmern Bildschirme* bereits.

Folgende Erläuterung zeigt die empfindlichen Bauteile von mechanischen Festplatten:

Der im Volksmund genannte „Lesearm" ist der „**Actuator**" (1). Dieser Arm fährt über die **Datenscheibe** (2) und besitzt meist eine dünne Stanzplatte, über sowie unter der Scheibe.

An dieser Platte sind die **Leseköpfe** (8) angebracht. Bei heftigen Bewegungen des Gehäuses können die Leseköpfe (8) auf der Datenscheibe (2) aufschlagen, wodurch **Kratzer und Lesefehler** durch die beschädigte Lesekopfoberfläche auftreten.

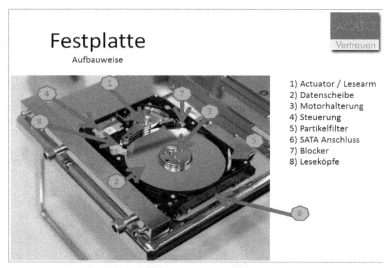

Bild: Aufbau einer Festplatte

Durch die entstehenden Kratzer tritt eine Funkenbildung auf, die erhebliche Verschmutzung auf der **Datenscheibe** (2) und dem **Partikelfilter** (5) hinterlässt.

Der Blocker (7) dient dazu sicherzustellen, dass die Datenscheibe (2) über eine ausreichende Beschleunigung verfügt, bevor es dem **Lesearm** (1) erlaubt wird, <u>aus der Ruhestellung</u> auszufahren. Erst mit der richtigen Geschwindigkeit entsteht ein Luftteppich, auf der die **Leseköpfe** (8) sicher und berührungslos über der Scheibe hinweggleiten können.

In einigen Fällen können auch die interne Mechanik des **Festplattenmotors** (3) und die **Motorsteuerung** (4) defekt sein. In diesem Fall muss dann die jeweilige Komponente ersetzt werden.

Die SATA Anschlüsse mit ihrem Stromanschluss sind eher selten defekt. Hier liegt eher die kritische Gefahr bei Festplatten mit fest angebrachtem USB-Anschluss, denn er tendiert durch den Nutzer abgebrochen zu werden.

Die Platine auf der Festplatte ist eine weitere komplexe Baueinheit der Festplatte.

Bild: Leseköpfe auf der Parkrampe

2.3.2 USB-Festplatte

Die USB-Festplatten haben entweder eine zusätzliche USB zu SATA Verbindungskarte oder einen eigenen USB-Anschluss direkt auf der Festplattenplatine eingebaut.

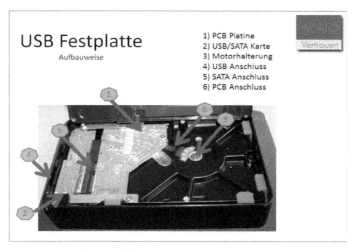

Bild: Aufbau einer USB-Festplatte

2.3.3 Aufbau von NAS Laufwerken

Über das Netzwerk erreichbare Laufwerke (NAS) besitzen entweder ein Linux basierendes Steuerungssystem oder ein Windows Home Server Betriebssystem. Eine NAS kann eine oder mehrere Festplatten besitzen und stellt auf keinen Fall einen vollwertigen Server dar. Leider treten im Langzeitbetrieb häufig Systemausfälle auf.

Teilweise werden diese Störungen durch falsche Handhabung beim Versuch, das technische Problem zu beheben (durch den Laien) verschlimmert. Dabei werden weitere Festplatten im NAS System beschädigt oder sogar die Partitionsdaten zerstört.

Häufig werden falsche Ersatzteile eingesetzt und **falsche Kommandos** an das Steuerungssystem gesendet. Automatische Reparaturprozeduren werden auch gerne durch den Anwender mit **entfernen der Stromversorgung** unterbrochen; was keinen üblichen versicherten Schaden darstellt. In besonderen Situationen kann ein „**RAID Rebuild**" durch kurz aufeinander folgende Stromausfälle und **Stromspitzen** unterbrochen werden.

Die Folgen dessen können sich auf das System verheerend auswirken. Käufer solcher NAS Systeme mit mehreren eingebauten Festplatten halten sich allzu oft für <u>krisensicher</u>. Sie beachten nicht **wichtige Warnhinweise der Hersteller** und verletzen im unternehmerischen Umfeld ihre Sorgfaltspflichten.

Daher helfen spezielle **Präventionsschulungen das Risiko in Unternehmen zu senken**. Die <u>erreichte Schutzwirkung</u> hat sich bei vielen Unternehmen bereits **deutlich bewährt**, wodurch Kunden bis zu dem 4-fachen der Beratungskosten innerhalb weniger Monate einfahren konnten. Diese Maßnahmen **senken die Schadenshäufigkeit** sowie die <u>jährlichen Versicherungskosten</u>.

2.3.4 Aufbau von RAID Servern

Je nachdem wie man seinen Raid Controller konfiguriert, stehen modellbedingt nur eine bestimmte Auswahl an Raid Systemen zur Verfügung. Jeder Raid Controller kann **Raid 0 und 1**. Einige gehen bis Raid 5 oder 6. Die speziellen Raid Konfigurationen 01, 10 und 1E stellen spezifische Konzepte dar.

Raid 0 stellt eine große Speicherfläche, die über mehrere Festplatten gespannt wird. Dabei existiert keinerlei Redundanz oder Ausfallsicherheit.

Raid 1 stellt eine gespiegelte Gruppe von Festplatten dar. Bei 2 Festplatten werden geschriebene Daten zeitgleich auf 2 Festplatten identisch gespeichert. Fällt eine Festplatte aus, so hat man immer noch eine Kopie.

Raid 2 stellt eine Erweiterung von Raid 1 dar, denn sie verwendet den Parity Bereich um mittels dem „Hamming-Code" eine Redundanz zu sichern. Dies ist eine auf Bit-Streifen basierende Technologie.

Raid 3 hat ebenfalls einen Bit-Streifen mit dedizierter Parity Information.

Raid 4 nutzt Blocklevel Streifen mit dedizierter Parity Information.

Raid 5 nutzt Blocklevel Streifen mit verteilter Parity Information. Fällt bei einem NAS System mit **4 Festplatten** eine einzelne Festplatte aus, so besteht ein hohes Risiko eine weitere Festplatte zu verlieren. Dadurch sind wertvolle Daten extrem gefährdet. Hier empfehlen wir Raid Systeme mit mindestens **5 hochwertigen Festplatten** zu verwenden (z.B. *WD Purple Festplatten oder WD Enterprise Festplatten*).

Raid 6 nutzt Blocklevel Streifen mit doppelt verteilter Parity Information.

<u>Hybride Raid-Formen findet man häufig, wie folgt:</u>

Raid 0+1 verwendet eine gerade Anzahl von Festplatten, um „gestreifte" Festplatten zu spiegeln. Die **erhöhte Ausfallsicherheit** bringt jedoch eine komplexere Grundsituation mit sich.

Raid 1+0 spiegelt Festplatten und verteilt sie dann auf mehrere Streifen. Solange kein Spiegel alle seine Laufwerke verliert, besteht eine erhöhte Ausfallsicherheit. Die komplexere Grundsituation birgt Risiken, die der Laie nicht unbedingt korrekt einordnen kann.

Raid 5+3 ist ein gespiegelter Satz von Blocklevel Streifen mit verteilter Parity Information.

Dazu kommen spezielle Raid Varianten, die zum Teil mit proprietären Vorgaben ausgestattet sind und erhebliche Kosten bei der Datenrettung verursachen können: Raid 50EE stellt einen Raid 0 dar, in dem sich 2 Raid 5EE (5+1+1) befinden. Dies kann 2 Laufwerke problemlos verlieren, wenn die Konfiguration korrekt vorgenommen wurde. Im *„degraded mode"* wird man sogar auf 4 Festplatten verzichten können.

HP's ADG stellt eine Sonderform des Raid 6 dar (Wikipedia, 2012 b).

Fortfolgernd muss jeder Administrator nicht nur eine sinnvolle Raid Konfiguration auswählen, aber auch die vertretbaren Gefahren identifizieren.

Häufig fehlen die in Unternehmen zwingend erforderlichen **Betriebshandbücher** zu den Systemen. Das Tagesgeschäft überdeckt alle lästigen Aufgaben, so dass im Krisenfall keine brauchbaren Daten vorliegen. Selbst wenn Angaben zum Raid gemacht werden können, stimmen sie in 70% der Fälle überhaupt nicht mit der vorhandenen Konfiguration überein.

Da häufig in kleineren Unternehmen NAS und Server selten zuverlässig gewartet werden, findet sich dort meist ein höheres Ausfallrisiko als in größeren IT-Umgebungen.

IT-Leiter mit 100 und mehr Mitarbeitern verfügen in der Regel über sehr gute Schutzeinrichtungen, wie etwa **Argon-Löschanlagen**, Sicherungsroboter, Leitstände im 4 Schichtbetrieb, feuersichere **Bandarchivräume**, **Notfall-Ersatzrechenzentren** und andere komplexe Strategien, um erfolgreich mit Krisen umzugehen.

2.3.5 Aufbau von SSD Festplatten

SSD Laufwerke sind die Weiterentwicklung der in USB-Sticks und Speicherkarten verwendeten Technologie. Einige SSD Laufwerke haben zusätzlich noch DRAM Chips, um eine Cache Funktion zu ermöglichen (z.B. Toshiba HG Serie). Zudem können SSDs die **Single Level Cell** (SLC) oder **Multi-Level Cell** (MLC) Technologie verwenden (Toshiba, 2012).

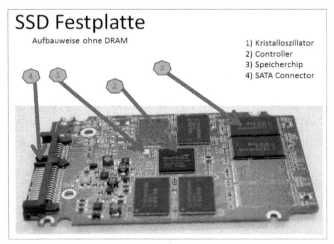

Bild: SSD Platine ohne DRAM

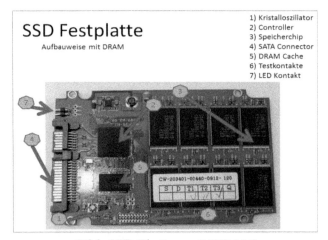

Bild: SSD Platine mit DRAM

2.3.6 Aufbau von USB-Sticks

USB-Sticks enthalten ein oder mehrere Speicherchips, die entweder über seitliche Kontaktverbindungen oder über Kugelverbindungen mit der Platine verbunden sind (Wikipedia, 2011).

Es kann vorkommen, dass diese **Chips** (3) intern beschädigt werden. Selten sieht man Risse an der Außenschale. Die **Controller** (2) versagen mit sichtbaren oder unsichtbaren Schäden, wobei diese schmelzen, platzen oder aufbrechen können.

Deutlich häufiger werden die **USB-Kontakte** (5) zur Platine durch überhastetes ziehen abgebrochen oder abgerissen. Die häufigsten Ausfälle treten jedoch aufgrund der Reisefreudigkeit dieser Geräte bei den Kristalloszillatoren auf. Diese werden **durch Druck langfristig beschädigt** (z.B. in der Hosentasche, in der Geldbörse).

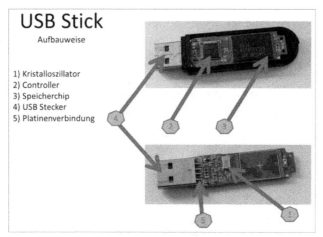

Bild: USB-Sticks

2.3.7 Aufbau von Speicherkarten

Speicherkarten kommen in verschiedenen Formen und Standards vor. Die SD-Karten haben in den letzten Jahren immer größere Kapazitätsgrenzen durchschritten. Sie sind aber weiterhin die empfindlichsten Speichermedien.

Speicherkarten werden in Geldbörsen, Kamerataschen, lose in Aktenkoffern oder in Schubfächern liegen gelassen. Diverse Formen dieser schädlichen Behandlung führen zu einem leichten oder schweren Geräteausfall.

Durch die flache Bauweise findet man hier **1 bis 2 Chips**, einen empfindlichen Controller und kleinere Bauteile als in USB-Sticks. Sehr häufig fallen diese Bauteile aus.

Am problematischsten sind geschmolzene Controller, dass manche Hersteller die äußere Hülle nicht ändern, jedoch mit jeder Fertigungsserie auch ggf. einen anderen Controller verwenden. Dies kann die Entschlüsselung der Daten extrem erschweren.

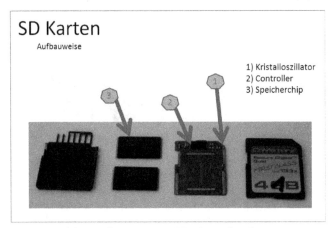

Bild: Aufbau eines SD-Speicherkarte

Die Aufbauweise der Compact Flash Karten (CF, CFII) ist ähnlich der eben betrachteten SD-Karten:

Bild: Aufbauweise einer Compact Flash Karte

Wie man beim Vergleich beider Typen von Speicherkarten entdecken kann, unterscheiden sie sich in der Steckverbindung und der Größe der verwendeten Controller. Die Speicherchips werden sowohl in SD-Karten als auch in CF Karten gleichermaßen verwendet.

2.4 Datenverluste durch Sabotage

2.4.1 Ransomware

Gerade in 2015-2016 hatten Ransomware spezifische Angriffe ihren Höhepunkt. Dabei wurden Die Daten entweder gelöscht, versteckt, umbenannt, zerschnitten oder am Ende sogar verschlüsselt.

Manche Angreifer haben, die Dateien innendrin im Header bzw. Footer überschreiben. Das konnte man mit Tools wie Cryptcleaner analysieren und Flicken.

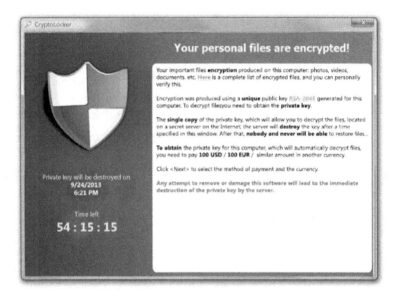

Bild: Ransomware Meldung auf einem infizierten PC

Andere Angreifer waren sogar darauf aus den vorhandenen Virenschutz außer Gefecht zu setzen. Dabei behalf man sich entweder der „*4MB Taktik*" oder dem Vollschreiben der C Partition der Festplatte.

2.4.2 Fax Angriffe

Der Angreifer verwendet **Faxprotokolle** mit speziellen Merkmalen, um bei der Übermittlung einer Nachricht das Zielgerät zu kapern.

Multifunktionsdrucker können mittels spezieller Faxbefehle zu Tatwerkzeugen umgewandelt werden. Dies gilt für weitestgehend alle Hersteller die in **Europa Geräte** vertreiben. Dabei wird eine Serie an Faxnachrichten an das Zielobjekt übermittelt. Es ist möglich dabei auch einen Payload mit zu übertragen. Als Payload ist eine Datei oder ein Bruchstück einer Datei oder spezifischen Befehlskette übermittelbar.

Es können je nach Gerät **vollständige Payloads** mit einer Übermittlung oder mit mehreren Faxnachrichten übertragen werden, um sie ggf. im Speicher des Zielgeräts zusammenzubauen und auszuführen. Hierdurch kein ein Faxgerät vom Angreifer übernommen und gesteuert werden. Da die Multifunktionsgeräte und die anderen Geräte per WLAN an dem Internetrouter angeschlossen waren, **kann ein Angreifer** so das komplette Netzwerk nach benötigten Dateien durchsuchen.

Es ist möglich die von Herstellern für Wartungsarbeiten bereitgestellten Zugänge zu verwenden. Hierdurch erhält der Angreifer Zugriff auf Geräte die per USB an Computern, Routern und anderen Netzwerkgeräten angeschlossen sind.

Da der Speicher in den Multifunktionsgeräten nur einen geringen Speicherplatz bietet, wird dieser durch Druckaufträge und **sonstigem Datenmüll schnell überschrieben**. Somit lassen sich nach dem nun vergangenen Zeitraum keine verwertbaren Spuren ermitteln.

Diese Angriff Szenarien sind bereits Realität und haben auch in Deutschland stattgefunden, um Mittelständische Unternehmen auszuspionieren.

3 Datenretter

Teilt man das in der Praxis auftretende Risiko in 4 Schadensklassen, so sprechen wir von „**leicht**", „**mittel**", „**schwer**" und „**extrem**". Dieses Prinzip ermöglicht es nach einer Datenträgeranalyse die hieraus resultierenden Kosten und Maßnahmen in verständlicher Weise einzuordnen.

3.1 Strategische Vorgehensweise

Für eine erfolgreiche Datenrettung ist eine organisatorische, personelle und technische Vorplanung erforderlich. Deren Erfolg wird durch Marketing, Vertrieb und Kundenservice komplementiert.

Die **Erfolgsmessung** wird in dem elektronischen Zeitalter durch die internen Kontroll- und Planungssysteme (ERP) ermöglicht, denn es ist nicht nur zweckmäßig seinen realisierten Umsatz zu kennen, sondern auch dazugehörige Informationen zur **Anfragenstatistik** und der effektiven „**Realisation Rate**" zu analysieren.

3.2 Organisatorische Planungsmaßnahmen

Unter organisatorischer Planung versteht man die **Dokumentation klar strukturierter Arbeitsabläufe,** sowie deren zyklische Einordnung in einen Streckennetzplan, was wir als Workflow bezeichnen. Vom Eingang des Datenträgers beim Datenretter, über die Analyse bis hin zum letztendlichen Aussenden der Datensicherung sind viele Einzelschritte in paralleler und serieller Anordnung notwendig. Einzelne Schritte können aber den gesamten Ablauf ungewollt oder berechtigt bremsen.

3.2.1 Mitarbeiter laufend weiterbilden

Personelle Planungsmaßnahmen beinhalten die Rekrutierung geeigneter Mitarbeiter, sowie deren Wissensaufbau, als auch Einarbeitung in die organisatorischen Vorgaben unserer Arbeitsanweisungen und Unternehmensvorschriften.

Der Wissensaufbau muss sowohl durch **externe und interne Schulungen** als auch durch den Zugriff auf die unternehmensinterne Fachbibliothek erfolgen. Dazu ist aber die Bereitstellung von Rückzugsgebieten und Auszeiten notwendig, bei dem man die Ruhe zum Lesen aktueller Fachliteratur aus der Firmenbibliothek finden kann.

Wenn man sich in dieses Themengebiet vertiefen will, muss man Schulungen bei den Herstellern der Rettungssysteme durchlaufen. Die Firma **AceLabs** in Russland bietet Schulungen auch in Tschechien (*Prag*) und in USA. Das auf Speicherchips spezialisierte Unternehmen **Rusolut** entwickelt seine Technologie in *Rostov on Don* (Russland) und *Warschau* (Polen). An beiden Standorten als auch bei Partnern kann man Techniker Schulungen belegen.

Ich selbst habe bei beiden mehrere Schulungen belegt und die gute zusammenabriet zu schätzen gelernt. Man lernt dabei auch andere Datenretter aus anderen Ländern kennen. Der Zusammenhalt ist da besonders gut, weil niemand alles wissen kann und jeder mal ein **Ersatzteil** oder Hilfe bei einem besonderen Problem braucht.

In 2015-2017 hatte ich eine Software für die Rettung von durch Ransomware zerstörten Daten veröffentlicht. Damals stellte ich sie unserer **internationalen „Datenretter Community"** kostenlos zur Verfügung.

Prompt halfen andere Datenretter die Software **in 11 Sprachen zu übersetzen**. Es ist ein besonderer Zusammenhalt zwischen denen die nachhaltig denken und gemeinsam lernen wollen.

3.2.2 Technische Planungsmaßnahmen

Weil die Vielfalt der zu rettenden Datenträger eine breite Ausstattung erfordert, müssen Datenretter immer wieder **nach besseren Lösungen suchen**. Dabei treffen sie leider auch auf ganz banal erscheinende Probleme. Die Geräte in der Datenrettung produzieren zum Teil erhebliche Wärme und in einzelnen Arbeitsplätzen auch **hochtoxische Gase**, die dann mittels spezieller Geräte abgesaugt werden müssen.

Bleihaltige Dämpfe können bis in die tiefsten ebenen unserer Lungen vordringen und **langfristige Gesundheitsschäden** verursachen. Das kann von Kurzatmigkeit, über Allergien (Feinstaub etc.) bis hin zu sehr schweren Krankheitsverläufen gehen.

Hier helfen die Geräte von Weller unsere Atemwege zu schützen:

Weller ZS EL KIT1 1x0F15 1xALFA 230V F/G Lötrauchabsaugung 230 V 150 m³/h

Marktpreis ca. 600 – 900€

Typische Suchbegriffe: Lötdampfabsaugung, Lötdampfabsauger, Lötabsaugung, Lötabsauger

Die **Erwartungen und Anforderungen** an die täglich vorliegenden Herausforderungen steigen mit der Weiterentwicklung des eigenen Unternehmens und den zu rettenden Daten die sich in schnell weiter entwickelnden Technologien verbergen. Verkabelung, Sicherheitstechnik und viele andere Teilbereiche erfordern technische Planungsmaßnahmen, die einen Umzug zu einem vollwertigen Projekt machen.

In der Praxis muss jeder Datenträger adäquat bearbeitet werden, damit sowohl Wirtschaftlichkeit, Sicherheit und qualitative Erfolgsergebnisse nicht auf der Strecke bleiben.

Wie Sie sehen, ist eine hochkomplexe Vorgehensweise notwendig, bei der viele verschiedene Menschen und Arten von Kommunikation erforderlich werden, um sensibel mit den Daten umgehen zu können.

3.3 Technische Möglichkeiten

3.3.1 Datenträgeranalyse

Mit einer professionellen Datenträgeranalyse sollte jeder eingehende Fall behutsam beginnen, um nicht durch falsche Maßnahmen einen endgültigen Datenverlust zu riskieren.

Je nach Datenträgerart muss die Datenträgeranalyse spezialisierten Abläufen folgen, denn hier werden unterschiedliche technische Vorrichtungen und Hilfs-/Betriebsstoffe benötigt. So kann der Rettungsweg für eine SSD Festplatte völlig anderes verlaufen, wie etwa bei einer althergebrachten mechanischen Festplatte.

Solche Verfahrensabläufe folgen einem klar definierten Ablauf, der im Qualitätshandbuch dokumentiert sein muss. Bei uns ist das Qualitätshandbuch nach **ISO 9001:2015** (und neuer) aufgebaut und mit Hilfe eines externen QM Beraters optimiert.

Da das Gebiet der professionellen Datenrettung von **nur wenigen Unternehmen in Deutschland abgedeckt** wird, benötigen QM Berater deutlich mehr Zeit, sich in das Spezialgebiet einzuarbeiten. Gleiches gilt auch für die darauffolgenden Auditoren, die Dokumentation und Praxis jährlich zu überprüfen haben.

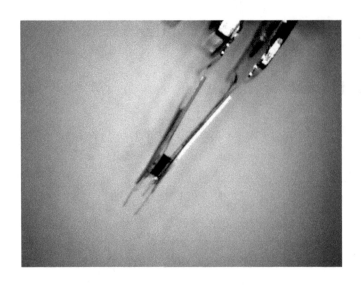

Bild: Leseköpfe einer Festplatte
unter dem Vergrößerungsglas

Im Gegensatz zu anderen Branchen ändern sich die grundlegenden Technologien nicht so schnell. Dabei ist zu beachten, dass die **Kommunikationswege** und **Mittel zur Auslieferung geretteter Daten** sich verändern.

3.3.2 Speicherkarten

Unter den Speicherkarten sind hier die in Kameras typischerweise eingesetzten Karten des Typs SD, MMS, MS Pro, CompactFlash und xD gemeint. Diese beinhalten entweder **NAND Chips**, **Monolithische Chips** oder **Hybriden** (z.B. MicroSD auf Platine gelötet). Auch die Anzahl der verbauten Chips kann sehr unterschiedlich sein, wobei die äußere Hülle häufig etwas anderes vermuten lässt.

Gerade im Billigsegment werden Gehäuse eines Herstellers von vielen Billigherstellern verwendet. So kann eine Vielzahl fast identischer Werbegeschenke als USB-Sticks völlig unterschiedliche Bauweisen haben. Manche USB-Sticks sind sogar mit einer **klebrigen Masse gefüllt**. Die muss dann nach öffnen bei hohen Temperaturen erst von der Platine gelöst werden, bevor die eigentliche Arbeit beginnen kann.

Einige Speicherkarten (z.B. Compact Flash) sind so aufgebaut, dass sie nur mit einem speziellen Verfahren geöffnet werden können, ohne dabei das Innenleben zu zerstören. Eines dieser Verfahren ist das **beidseitige Sägen** an speziell gekennzeichneten Stellen am Gehäuse der CF Karte. Dabei entsteht ein feiner Staub aus schwarzem Kunststoff, der alles in der Nähe ummantelt und daher schon beim Entstehen **aufgesaugt** werden muss.

Besonders aufwendig sind **Rettungsverfahren für die BGA Chips** wo Platinen abgebrochen sind oder innere Bauteile defekt sind. Hier muss mit einer speziellen Vorrichtung von beiden Seiten die Platine beheizt werden.

Dabei durchläuft die Platine eine **Vorwärmphase** mit ca. **150 °C** von unten und anschließend kommen von oben weitere ca. **250°C** hinzu.

Nach vorsichtigem Entfernen des Chips von der Platine muss die Oberfläche gereinigt und für das „**Reballing**" vorbereitet werden. Hier werden neue kugelförmige Kontakte (mit je 0,4 mm Durchmesser) an die Chipunterseite angebracht. Nach Abkühlen müssen die Kontakte gereinigt und für den Abruf der Daten vorbereitet werden.

3.3.3 Hybride Speicherkarten

Wenn man im Einzelhandel oder online eine Speicherkarte kauft, kann man nicht immer sicher sein was man da in Händen hält. Folgendes Beispiel zeigt eine **MicroSD in einer normalen SDHC** versteckt:

Bild: MicroSD in SDHC Karte

Wenn diese MicroSD versagt, kann es aufwendig werden. Häufig sind die korrekten Anschlusspunkte dieser Speicherkarten nicht bekannt und müssen aufwendig erarbeitet werden. In solchen Fällen fragen auch Datenretter bei anderen Kollegen im Ausland ob sie diese schon mal hatten. Man tauscht sich dann die Netzpläne aus um einander zu helfen.

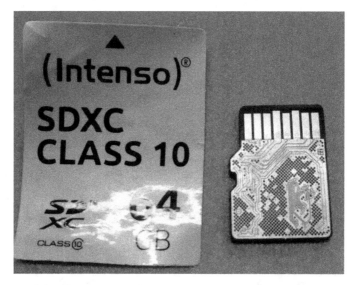

Bild: MicroSD mit herunter-gerubbelter Rückseite

Das was sie im obigen Bild sehen sind die obersten leiterbahnen dieser Speicherkarte. An diesen Punkten müssen bis zu 42 dünne Kontaktdrähte angelötet werden. Sonst kann die Karte ihre Daten nicht ausleifern, da der Kontroller defekt ist.

3.3.4 USB-Sticks

Wir kennen statische und bewegliche USB-Sticks. Jeder hat sich sicherlich schon gefragt, wie diese USB-Sticks funktionieren, die sich aus ihrem Gehäuse herausschieben lassen.

Ganz einfach: Die Platine ist auf einer **Plastikschiene** angebracht, wodurch die Platine mit ihrem USB-Stecker im Gehäuse einen definierten Bewegungsradius erhält. Das ist alles nur ein einfacher aber netter Weg, den lästigen Deckel eines USB-Sticks überflüssig zu machen.

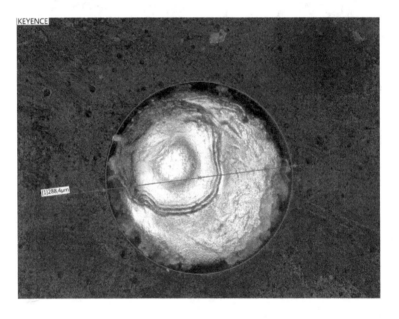

Bild: Durchmesser eines Lötpunkts im Spezialmikroskop

Bei USB-Sticks findet man zu 95% die klassischen Chips auf der Platine. Wenn man aber auf eine der seltenen BGA Varianten stößt, beginnt auch hier das besonders aufwendige **Rettungsverfahren für BGA Chips.**

Hier muss mit einer speziellen Vorrichtung mit anderen Maßen als bei Fotokarten von beiden Seiten die Platine mit anderen Temperaturparametern beheizt werden. Nach vorsichtigem Entfernen des Chips von der Platine, dem **Reballing** und der Reinigung der neu angebrachten Kontakte, beginnt der Abruf der Daten.

Hier versuchen komplexe Analyseverfahren aus den losen Bits *sinnvolle Datenpakete* zu erstellen. Wurde der Controller auf der Platine zerstört oder ist die Beschriftung unleserlich, so wird es aufwendiger, die richtige Konstellation zu identifizieren.

Bild: Fertigungsrückstände auf den Kontakten
eines Speicherchips eines USB-Sticks

Hardwareverschlüsselnde Controller stellen kein absolutes Hindernis für eine erfolgreiche Datenrettung dar, denn unsere Praxis zeigt trotzdem gelegentliche Erfolgserlebnisse. Es ist aber für Verbraucher kaum erkennbar, ob sie einen hardwareverschlüsselnden Datenspeicher gekauft haben.

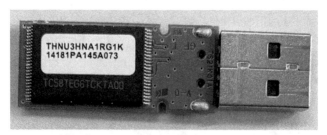

Bild: USB-Stick mit komplexen Algorithmen

Am häufigsten trifft man bei „SanDisk" auf hardwareverschlüsselnde Controller, die unter Umständen eine Datenrettung vereiteln, wobei wir in einigen Fällen trotz hohem Schadensgrad Daten wiederherstellen konnten. Liest man auf der Verpackung eines Geräts den Hinweis, dass ein „SandForce" Controller eingebaut ist, hat man es hier definitiv mit einem hardwareverschlüsselnden Controller im Datenspeicher zu tun.

Wer nicht auf absolute Datensicherheit achten muss und keine tägliche Datensicherung hat, sollte auf den Kauf solcher Systeme verzichten. Die Praxis zeigt, dass **Datenspeicher mit hardwareverschlüsselnden Controllern** nicht weniger häufig ausfallen werden, als es etwa bei den „unverschlüsselten" Konkurrenzprodukten der Fall ist. Das liegt zum einen an dem kaum abweichenden Nutzerverhalten und zum anderen an den typischen Ursachen eines Geräteausfalls.

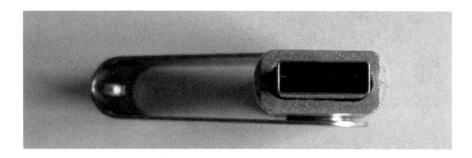

Bild: USB Stick in Holzmantel fest verklebt

Auch Kingston und Intel bieten Geräte mit Hardwareverschlüsselung an, wobei sie in der Produktbeschreibung und der Zielkundengruppe (Geschäftskunden mit Reisetätigkeit) klar den Nutzen aufzeigen. Es gibt von Kingston **sehr gute und sichere** (verschlüsselte) USB-Sticks, die jedoch typischerweise das 2-3 fache eines unverschlüsselten USB-Sticks kosten. Diese speziellen USB-Sticks sind für den <u>Transport vertraulicher Daten</u> gedacht.

Wer den USB-Stick entwendet, kommt trotzdem nicht an die Daten, ohne das Passwort zu haben. Diese Sticks haben wir <u>für Kingston getestet</u> und konnten auch im **Datenrettungslabor keinen Weg** finden, die Verschlüsselung mit wirtschaftlichen vertretbaren Mitteln zu umgehen. Daher unterscheidet sich die Strategie der grundsätzlichen <u>Verschlüsselung auf Controller-Ebene</u> (wie bei SanDisk) zu der auf Datensicherheit ausgerichteten Strategie von.

3.3.5 USB-Speicherkarten

Viele Firmen nutzen immer häufiger USB-Speicherkarten, um ihre Geschäftsberichte und sonstigen Daten elegant zu präsentieren. Leider zeigt die Erfahrung, dass Anwender solche **Werbegeschenke** allzu oft für produktive Aufgaben nutzen.

Billig konstruierte Speichermedien (USB-Sticks oder USB-Speicherkarten) mit Werbecharakter dürfen unter keinen Umständen für geschäftskritische Daten verwendet werden. Die Praxis zeigt, dass eine formularbasierende Aufklärungsstrategie bei 90% der Unternehmen (unterschiedlicher Größe) scheitert. Auch wenn die Mitarbeiter eine Erklärung unterschreiben, werden sie **nicht von den gelebten Gewohnheiten abweichen** oder gar durch Vorgesetzte zur Missachtung solcher Vorschriften getrieben. Tritt der Datenverlust auf, nehmen manche Vorgesetzte es sogar als unvermeidbarer Vorfall gelassen hin.

Gezielte Sensibilisierung erreicht hier jedoch deutlich bessere Ergebnisse und reduziert für Unternehmen die jährlichen Verlustrisiken. Solche Trainings refinanzieren sich von selbst, auch bei Unternehmen ab 3 Mitarbeitern innerhalb einer überschaubaren Zeit.

Manche Firmen wollen den eigenen Gesundheitszustand erkennen und nutzen dazu IT Audits die nach den Standards der **ISACA** (= *Information Systems Audit and Control Association*) aufgebaut sind. Im Rahmen solcher Prüfungen wird nicht nur nach Sicherheitslücken gesucht, sondern es werden auch organisatorische Schwachstellen aufgedeckt. Häufig erlaubt dies dem verantwortlichen Management Investitionen durchzusetzen, da externe Berater die zuvor vermuteten Risiken konkretisiert haben (Cannon, 2011).

Wie sieht es aber aus mit den vielen Werbegeschenken, die Verbraucher und Angestellte bekommen? Nutzer fallen täglich auf den Irrglauben herein, dass die *werbenden Unternehmen für einen Datenverlust aufkommen müssen.*

Die **werbenden Unternehmen** sind definitiv <u>nicht haftbar</u> zu machen, denn die Datenspeicher sind nicht für andere Zwecke als zum Transport von Werbebotschaften vorgesehen. Wer diese Datenträger für eigene Zwecke weiter nutzt, **handelt fahrlässig**. Die <u>Kosten der Datenrettung trägt der Besitzer</u> des Datenträgers und nicht der Werbende.

Ein erhebliches Risiko für Geschäftsdaten ist, wenn **keine oder nur unzureichende Kenntnis** der im Unternehmen verwendeten Datenträger vorherrscht. Die von uns beratenen Unternehmen können eine Risikotabelle für Datenträger erhalten, um einem Datenverlust vorzubeugen.

Was macht aber eine USB-Speicherkarte so verschieden von einem klassischen und bewährten USB-Stick? Die USB-Speicherkarte hat **sehr wenig Raum** für seine elektronischen Bauteile, aber viel Platz für Werbung. Daher werden hier **monolithische** Systeme vorgefunden. Im USB-Stick ist genug Platz für mehrere Chips und Controller, was eine Datenrettung besser möglich macht.

3.3.6 Festplatten

Klassische Festplatten und SSDs sind in ihrer Bauweise grundverschieden, als auch verschieden in den Ursachen ihrer häufigen Ausfälle.

Bild: Leseköpfe unter einem Spezialmikroskop;
aufgenommen in 2016 in unserem Labor

Mechanische Festplatten vertragen **ruckartige Bewegungen** nicht so gut, wobei diese auch einen **verschleißenden Prozess** hervorrufen können. Typische Auslöser eines Festplattenausfalls sind:

- Sturz, Aufprall, auffangen,
- auf dem Tisch rüttelndes heranziehen des Notebooks
- Schläge auf das Notebookgehäuse
- schlechte Transportverpackung
- Überspannung
- Blitzeinschlag
- sonstige Belastungen

Eigentlich lassen sich mechanische Festplatten häufiger retten als auch älteren SSD Laufwerken. Aber manchmal ist vorher zu viel vorgefallen, dass es für den betroffenen Nutzer zur Katastrophe wird.

Wenn jemand stundenlang versucht aus seiner defekten Festplatte Daten zu kopieren, sehen Datenretter meist viele tiefe Rillen wie in dem beiliegenden Beispiel. Der defekte Lesekopf hat dann auf der Oberfläche viele Kratzer hinterlassen.

Bei anderen Patienten können die Schäden sehr fein und kaum sichtbar sein, dennoch der Datenverlust bleibt dann dauerhaft.

3.3.7 SSD Laufwerke

Die modernen SSD Festplattenlaufwerke sind hingegen belastbarer gegen klassische Sturzunfälle. Dafür erleiden sie ein rasches, vorzeitiges Ende beifolgenden Einwirkungen:

- elektromagnetische Störungen
- Überspannung
- falsche Verkabelung
- Inkompatibilität mit Hardware des Computers
- Druckbelastung auf Außengehäuse
- Temperaturschwankungen
- Temperaturen unter 1°C (Modellbedingte Empfindlichkeit)
- Materialschwächen
- billige Bauteile
- falsche Steuerungskommandos von älteren Betriebssystemen
- sonstige nicht ausreichend erforschte Ursachen

Wer glaubt, mit SSD Laufwerken zukünftig keine Datenrettung mehr zu benötigen, hat sich definitiv getäuscht. Die Statistiken zeigen, dass mit dem Erfolg der SSD bei Konsumenten und Geschäftskunden, die Zahl der Totalausfälle drastisch zunimmt.

In den meisten Fällen müssen diese SSD Laufwerke komplett zerlegt und ausgelesen werden. Mit steigender Kapazität beginnt nun auch der Aufwand enorm zu wachsen, der notwendig ist, die auf SSD gespeicherte Daten wiederherzustellen, denn einfach nur die NAND Chips abzufragen reicht nicht aus. Die Daten müssen in der korrekten Art und Weise wieder entschlüsselt werden.

3.3.8 Hybride SSD Festplatten

Eine besondere Herausforderung stellen Festplatten mit der **Kombination von SSD und mechanischer** Festplatte. Die Hersteller bieten diese Systeme an, weil sie die **Schnelligkeit der SSD** und die **stabile Speicherfähigkeit** der klassischen Festplatte besitzen.

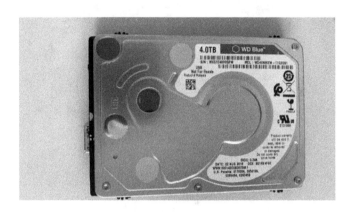

Bild: SSDH Festplatte mit 4TB und hoher Geschwindigkeit

Die Herausforderung besteht darin, dass in einigen Fällen die SSD versagt. Gelegentlich hatten einige Modelle auch **Firmware Probleme**, die eine Rettung extrem erschweren. Wurde eine **Verschlüsselung der Daten herstellerseitig** fest aktiviert, so kann unter Umständen eine Datenrettung <u>unmöglich</u> werden.

Sind die **Leseköpfe beschädigt**, so ist die Datenrettung deutlich einfacher zu bewerkstelligen. Folglich leiden solche hybriden Festplatten an den kombinierten Ursachen die SSDs und mechanische Festplatten aufweisen.

Wie man an den hier gezeigten Bildern erkennen kann, gibt es recht unterschiedliche Gehäuse. Häufig kommen sehr schlanke Festplatten in Notebooks vor. Die Platine kann wie hier sehr klein sein, da über Jahrzehnte die Elektronik immer kompakter wurde.

Wurde die Platine beschädigt so entstehen ganz **unangenehm kombinierte Probleme** aufgrund neuerer Modelle mit Verschlüsselung, die auf diese Platine fest zugeordnet ist. Das bedeutet, dass jede Platine einen eigenen Schlüssel besitzen kann.

Bild: SSDH Festplatte mit 4TB und hoher Geschwindigkeit

Wer wirklich **sicherer und schneller** unterwegs sein will, sollte gleich auf SSDs umstellen und seine Daten automatisch in die Cloud sichern lassen (z.B. One drive oder iCloud).

3.3.9 Helium Festplatten

Aktuell stellen Helium Festplatten ein großes Problem bei der Datenrettung dar. Die Firma *HDD Surgery* in Belgrad hat da einige hilfreiche Lösungen entwickelt. Dennoch bleibt der Aufwand sehr hoch.

Bild: Helium gefüllte Festplatte vor der Datenrettung

Diese Festplatten sind **mit Helium gefüllt**. Der Deckel ist meist eine Folie die sich wie eine flache Sardinendose öffnen lässt. Danach lässt sie sich nicht mehr mit dem ursprünglichen Deckel verschließen. Manche Datenretter verwenden hier 3D Druck bzw. **CNC Geräte** um einen Ersatzdeckel zu erstellen.

3.3.10 Raid Systeme

Mit Raid Konstellationen versucht man üblicherweise das Risiko eines Festplattenausfalls zu vermindern. Je höher die Raid Kennzahl, desto höher ist die erhoffte Sicherheit.

Aktuell findet man die *Raid Versionen 0, 1, 4, 5, 6, 10, 20, 60* usw. in den Rechenzentren vor. Raid hat im Prinzip nicht viel mit der Technik der Cluster und der „**Cloud Computing**" Technologie zu tun. Trotzdem basiert die Zielsetzung auf dem gemeinsamen Gedanken der Risikoverteilung und -minimierung.

3.3.11 Mobiltelefon und Smartphone

Was aber tun, wenn der nützliche Begleiter auf einmal den Dienst versagt oder gar wichtige Geschäftsdaten nicht mehr preisgeben kann. Neben den üblichen Defekten erleidet manches Smartphone ein nasses Bad.

Was der Nutzer dann mit dem Gerät tut, ist leider allzu oft unklug: Einige schalten das Telefon gleich wieder ein und verursachen einen Kurzschluss in der Elektronik. Andere legen das Gerät in den warmen Motorraum und wieder andere föhnen 50°C Wärme auf das Telefon, bis alle weichen Elemente im Telefon verschmolzen sind.

Es ist schon recht abenteuerlich, was einem beschädigten Telefon widerfährt, bevor es überhaupt in die Hände von forensischen Spezialisten gelangt. Je mehr der Nutzer damit herumhantiert, desto höher der Rettungsaufwand bei streng-monotoner Abwärtskurve der Erfolgstendenz.

Hier muss das Telefon soweit möglich in einen betriebsfähigen Zustand zurückgebracht werden, wobei **Reis und spezielle Chemikalien** zum Einsatz kommen. Oft müssen die Telefone bis zum letzten gesteckten Bauteil zerlegt werden, um **Restfeuchtigkeit** oder Verschmutzung zu entfernen.

Bei manchen Einsätzen ist der Schaden so weit vorangeschritten, dass nur mit extremem Aufwand eine Sicherung von Daten möglich ist. Daher beauftragen überwiegend Geschäftskunden mittlerer und großer Unternehmen eine solche spezielle forensische Sicherung.

In einigen Fällen lassen sich über spezielle Adapter und Systeme zur Beweissicherung die Daten aus den Mobiltelefonen auslesen. Wo aber zu starke Schäden vorliegen, geht es in mehreren Schritten in die Tiefen des Smartphones hinein. Nach zerlegen des Telefons in alle seine modularen Bestandteile, beginnt man die Speicherbausteine zu identifizieren. Diese werden dann überprüft und aus der Platine mit einer speziell dafür geeigneten Temperatur herausgenommen.

Bild: Platine eines Smartphones mit geschützten Speicherchips

Anschließend werden die Speicherbausteine unter dem Mikroskop untersucht und mit mehreren sich **wiederholenden Reinigungsschritten** von Fertigungsrückständen befreit. In einem hierzu speziell präparierten Speicherleser können erst danach die Daten abgerufen und für die Elementaranalyse vorbereitet werden.

Bei diesem Prozess werden aus Bits brauchbare Datenpakete, die dann im Anschluss im forensischen Analyseverfahren rekonstruiert werden. Sind alle Schritte erfolgreich durchgeführt, so erhält man eine Vielzahl verschiedener Informationen (z.B. Kontaktlisten, Gesprächslisten, Notizen und viele andere Daten) aus dem Mobiltelefon.

Bild: Smartphone mit Schäden nach Gewalteinwirkung

Oft sind darin gespeicherte Telefonnummern für Geschäftsführer von extrem großer Bedeutung, weshalb die Vertraulichkeit einer professionellen Vorgehensweise für den Kunden zum entscheidenden Kriterium für die Selektion eines Labors wird.

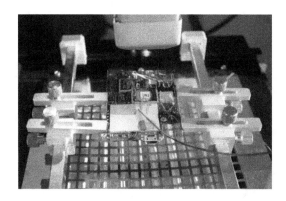

Bild: Smartphone Platine nach Entfernung der
für die Datensicherung benötigten Chips

Für Privatkunden ist eine solche aufwendige Rettung von Telefondaten meist schon nach Angebotsstellung unattraktiv und so gehen auf 95% der defekten Mobiltelefone privater Nutzer alle Daten verloren. In manchen Fällen kann man ein defektes Bauteil (z.B. Display, Tastatur, Akku) austauschen, aber solche Reparaturen haben nichts mit einer Datenrettung zu tun.

Somit muss man sowohl in der privaten als auch geschäftlichen Nutzung des eigenen Smartphones neue Umgangsformen finden. Zugleich bergen verseuchte oder gestohlene Telefone für Unternehmen große Risiken, die aber meist von den Unternehmern kaum ernst genommen werden.

Erst wenn das Unternehmen Opfer von Wirtschaftskriminalität oder Wirtschaftsspionage wird, ändert sich die subjektive Bereitschaft vorzusorgen. Es ist aber eine bekannte Tatsache, dass nur die wenigsten Unternehmen in Deutschland einen **Spionageangriff** bemerken oder gar erfolgreich abwehren können.

3.3.12 Ergänzungen zu diesem Buchs

Im Rahmen der Forschung habe ich mehrere moderne Chips auf ihre Unterschiede in der Wiederherstellbarkeit von Daten untersucht. Es wurden nur minimale Abweichungen und Problemfaktoren festgestellt.

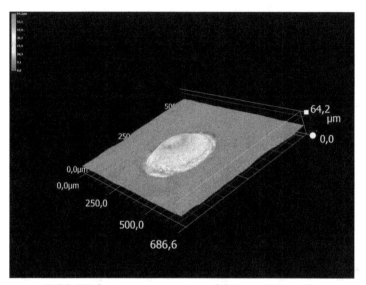

Bild: Höhenmessung einer kleinen Lötstelle
auf einem Smartphone Speicherchip

Je mehr Hersteller mit **Epoxid und Silikon** versuchen ihre Speicherchips in Smartphones vor Beschädigung zu schützen, desto mehr Probleme tauchen auf.

Epoxid wirkt unter hohen Temperaturen wie Kaugummi und lässt nicht einfach los, wenn die Lötverbindungen sich bereits trennen lassen könnten. Dabei können schon wenige kleine Partikel von Epoxid in die gerade mal **10 - 18 (Mü)** tiefen Krater geraten.

3.3.12.1 Kann man solche Probleme einfach lösen?

Smartphones werden häufig durch Sturz, Wasser, oder enorme Gewalteinwirkung beschädigt. Dadurch entstehen Risse in der Beschaffenheit der Chips.

Durch Kälte kann man einige Probleme überwinden jedoch macht das nicht mehr viel Sinn bei eMMC Chips. Unter einem **1000-fach hochauflösenden Industriemikroskop** wurden dazu Chips mit optimalen und suboptimalen Lötverbindungen untersucht.

Dabei wurde eine optimale Lötzinnhalbkugel mit einer Höhe von 30 (mü) als optimal identifiziert. Für das Auge unter normalen Mikroskopen ist aber der Unterschied visuell absolut nicht erkennbar. Nur mit speziellen **3D Mikroskopen** ist eine Optimierung bei diesen Problemfällen möglich. Solche Geräte sind nur für Aufträge von extrem hoher Wichtigkeit sinnvoll.

3.3.12.2 Wer benötigt aufwendige Datensicherungen?

In der Forensik führen manche Fälle nicht an einem Chipoff vorbei. Dabei sind die Herausforderungen nicht zu unterschätzen.

Betrachtet man die im Internet kursierenden Verschwörungstheorien rund um verschiedene Länder, so muss man erkennen, dass diese manchem Entwickler und Forscher auf interessante Ideen brachte.

Selbst bei eMMC Chips gibt es reine Speicherchips und **hybride Speicherchips mit integriertem Arbeitsspeicher**. Wer glaubt eMMC sei gleich eMMC, der irrt. Es gibt mittlerweile eine Vielzahl von Größen und Ausrichtungen. Wer hat denn eMMC Chips verbaut? Fast jeder Smartphone Hersteller benutzt solche Speicherchips.

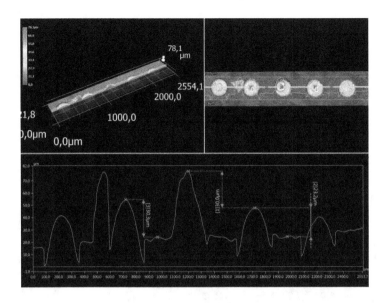

Bild: Höhenvergleich von 5 nebeneinander gesetzten Lötstellen

Der Trend geht nun zu den hybriden Chips. Der Aufwand für eine Datenrettung kann enorm sein, besonders wenn spezielle Situationen das Gerät begleitet haben. Dabei geht die Untersuchung eines Datenträgers hinunter bis auf **Bit-Ebene** durch die Rekonstruktion von Bitmustern. Zusätzlich verursachen auch die Sicherheitsanforderungen und Abläufe hohe Kosten.

3.3.12.3 Wie aufwendig ist es so was zu entdecken?

Die Verwendung eines solchen 3D Mikroskops ist eine erhebliche Investition und muss von anderen technischen Ausrüstungen begleitet werden. Es reicht nicht aus dem Telefon ein Speicherabbild zu gewinnen, sondern man muss auch die **Struktur der Daten rekonstruieren**, denn sonst ist eine verlässliche Wiedergabe von Tathergängen nicht möglich.

Dieser erhebliche Aufwand unterschiedet die IT-Forensik von der klassischen Datenrettung. Bekanntlich sind aber Investitionen in Forschung zunächst ein großer Kostenfaktor aber später profitieren auch kleine Fälle in der Datenwiederherstellung davon.

Es lohnt sich deshalb, auch intern zu forschen und nicht immer nur auf virtuelle Geschäftsmodelle zu setzen. Nachhaltigkeit kann man anfassen.

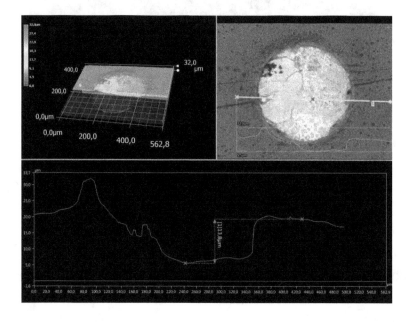

Bild: Höhen- und Tiefenmessung einer Lötstelle

3.4 Marktüberblick

In Deutschland sind einige Unternehmen in der professionellen Datenrettung am Markt. Manche Anbieter lösen mit einfachster Software leichte Fälle **und geben die zu komplexen Fälle an deutsche oder ausländische Labore weiter.** Mit vielen lokalen PC-Service Anbietern (hier sind gemeint: Computer-Einzelhandel oder IT-Betreuung) lässt sich produktiv zusammenarbeiten, so lange sie sich auf ihre **eigentliche Kernkompetenz** (IT-Systembetreuung und Produktverkauf) konzentrieren.

Leider experimentieren manche Dienstleister an den defekten Geräten **ohne die notwendige Sachkenntnis und Ausrüstung,** was zu einem dauerhaften Datenverlust (falsche Platinen, Befehle oder andere kreative Lösungsversuche) führen kann.

3.4.1 Suchergebnisse die verwirren

Manche in der Datenretter-Szene als schwarze Schafe bezeichnete Anbieter halten ihre prominente Position in Suchmaschinen durch für **sehr kostspielige** Werbung. Die direkt unter der Suchmaske angezeigten Unternehmen werden häufig **nicht wegen ihrer Vertrauenswürdigkeit und Arbeitsqualität** von der Suchmaschine dort platziert, sondern weil sie eine sehr hohe Rendite für die Suchmaschine bedeuten. Denn diese prominenten Plätze sind gekauft.

Hilfesuchende werden durch Texte und undeutlich sichtbarem Hintergrund getäuscht, weshalb diese Anbieter sehr leicht haben, an Kunden für ihr Geschäftsmodell zu kommen, dass nicht auf langfristige Kundenbindung ausgelegt ist.

Diese ersten Plätze sind nicht durch Kundenzufriedenheit erworben, sondern mit Geld erkauft. Diese **hohen Werbekosten** werden dann auf den Hilfesuchenden umgelegt. So kann eine Datenrettung die eigentlich in etwa 800 EUR kosten sollte. als extrem schwer für 5.000 EUR angeboten. Die Arbeit hat aber bestenfalls einige Tage benötigt.

Damit aber immer noch ein Überschuss für solche Anbieter bleibt, verfolgen bestimmte Unternehmen die **logistische Strategie**, Datenrettungsarbeiten sogar auf andere Kontinente auszulagern. Ich habe mich auch sehr gewundert, als mich **Chinesische Anbieter** kontaktierten und mir sogar als Referenz die Namen anderer Mitbewerber nannten. Betrachtet man nur das logistische Verlustrisiko, so sollte man sich lieber nicht auf solche zweifelhaften Angebote einlassen.

3.4.2 Erfundene Laborfotos

Manche Unternehmen werben mit **erfundenen Laborfotos**, die sie selbst nie gemacht haben oder dazu extra konstruieren. Manch einer lässt sich vom **potemkinschen Dorf** inspirieren und baut sich für die künstlich erschaffenen Laborfotos eine komplette nicht authentische Reinraumkulisse.

Häufig findet man hier jedoch gestohlene Fotos (Urheberrechtsverletzung) aus der Chipfertigung oder Feinmechanik, die als eigenes Reinraumlabor ausgegeben werden. Manche Anbieter platzieren auf der Homepage **Videos ihrer nicht-existierenden Labore**, wo die Kamera erstaunlicherweise **durch Wände fliegen kann**.

Sie können es sich vorstellen, dass mancher Mitbewerber nicht erfreut ist, wenn man seine „Tricks" offenlegt und dieser versucht durch falsche Bewertungen mein seit 2011 erscheinendes Buch abzuwerten.

Es geht nicht andere Mitbewerber schlecht zu machen. Andere Mitbewerber sind in diesem Buch (ohne Gegenleistungen) aufgelistet. Kollegen in Deutschland und im Ausland hinter den Inhalten dieses Buchs stehen.

Sie ärgern sich ebenfalls regelmäßig über den Pfusch und die faulen Tricks bestimmter Mitbewerber. Das Problem besteht in allen Ländern der Welt! Egal ob Kollegen in USA, Indien oder Italien … jeder wird irgendwann mit der dunklen Seite der Branche konfrontiert.

3.4.3 Schwarze Schafe in der Datenrettung

Schaut man sich die Suchergebnisse der führenden Suchmaschinen an, müsste es in Deutschland **über 500 professionelle Datenrettungslabore** geben. Das kann aber unmöglich sein.

Betrachtet man kritisch den Internetauftritt jeder dieser Anbieter, so sind genügend warnende Hinweise zu finden. Viele dieser Anbieter haben keine Gesellschaftsform eines deutschen Unternehmens (z.B. GmbH oder AG), sondern firmieren mit einer ausländischen Rechtsform.

Ein bestimmter ausländischer Anbieter hat sein **Impressum in PDF-Dokumenten abgelegt** und erklärt, dass er in Deutschland <u>keine Mitarbeiter</u> hat. Hier wird klar, dass die deutschen Adressen nur reine Weiterleitungen (Briefkastenfirmen) darstellen. Andere Anbieter verstecken ihre **Kontaktdaten in einem Foto** auf der Seite die zum Impressum gehört, was eigentlich keinen Sinn für ein seriös agierendes Unternehmen macht.

Wiederum Andere verschleiern ihr tatsächliches Unternehmen hinter einer Vielzahl von Adressen und vollmundigen Werbebotschaften bzw. Werbeplattformen, wobei kaum ein Hilfesuchender die in den dortigen AGBs befindlichen Hinweise auf Zahlungsverpflichtungen oder **ausländische Bankkonten** liest.

Wirtschaftskriminalität ist auch in der Datenrettung vorhanden und hat in der Vergangenheit schon häufig zu Schäden bei den professionell agierenden Laboren und den betroffenen hilfesuchenden Personen geführt.

In einem besonderen Fall (Schadenshöhe knapp unter 800 EUR) konnten wir sogar die notwendigen Beweise aus einem defekten Datenträger abrufen, mit der die Staatsanwaltschaft die **echte Identität eines Betrügers** und dessen Aufenthaltsort ausmachen konnte.

Das führte zum strafrechtlichen <u>Gerichtsprozess gegen die beschuldigte Person</u>. Fast ein Jahr nach der Tat konnte so diese Straftat aufgeklärt werden. Der Täter musste die Entschädigung aus seinen eigenen Mitteln zahlen. Dieser Anbieter ist zwar weiterhin auf dem Markt, aber hoffentlich mit einer besseren Einstellung zu den Eigenschaften eines ehrbaren Kaufmanns.

Es gibt also tatsächlich viele im grauen Bereich agierende Unternehmen, die mit verlockenden Versprechungen Kunden fangen möchten. Es ist für den Laien kaum möglich die Streu vom Weizen zu trennen.

3.4.4 Kann man Bewertungen trauen?

Manche Dienstleister werben auf ihrer Homepage mit langen Listen von frei erfunden Kundenaussagen. Dies ist schon beim Lesen der Texte leicht zu erkennen.

Üblicherweise ist es, **schwer Kunden dazu zu bewegen**, ausformulierte Bewertungen auf Portalen abzugeben. Die dort häufig zu lesenden Informationen widersprechen sich zur NPV (**Net Promoter Value**) Statistik für solche Unternehmen.

Daher sollten sie besonders vorsichtig sein, wenn sie in Google oder klassischen Bewertungsportalen. Bewertungen lassen sich dort überall leicht platzieren und verfälschen. Gerne werden Unternehmen beauftragt, große Mengen falscher Bewertungen gezielt zu streuen. Diese ausländischen Bewertungsdienstleister verlangen sogar sehr wenig Geld für ein paar **hundert erfundener Bewertungen**. Lassen Sie sich nicht von begeisterten Bewertungen blenden. Die Realität sieht meist anders aus.

3.4.5 Dumpingpreise

Einige Wiederverkäufer senden gezielt die defekten Datenträger in andere Kontinente, um am Markt mit extrem niedrigen Preisen bestehen zu können. Häufig erfährt der Kunde nicht, dass sein Datenträger sich auf einem anderen Kontinent befindet.

Auch andere Datenretter berichten mir von solchen negativen Beispielen. Sogar die Kontaktdrähte zu dem Festplattenmotor wurden ohne Grund abgerissen.

Schlechte und <u>gesundheitsschädliche Arbeitsbedingungen</u> führen bei manchen Mitbewerbern zu häufig gescheiterten Datenrettungsversuchen. Im Nachhinein muss man **verschmutzte, verbogene oder abgebrochene Kontakte** der bearbeiteten Chips feststellen. Bei anderen Fällen wurden die Festplatten unsachgemäß geöffnet, die Datenscheiben mit hunderten Rückständen des ursprünglichen Versiegelungsmaterials verschmutzt oder „versehentlich" wichtige Steuerungsdaten gelöscht wurden.

3.4.6 Liste von Datenrettern

Folgende Liste von Datenrettern aus verschiedenen Ländern beruht auf die regelmäßigen Beiträge in den geschlossenen Foren der Datenretter die sich alle paar Jahre zu den Kongressen der führenden Hersteller treffen.

Bild: Acelabs RAID training 2016 in Prag

Viele von ihnen kenne ich aus unseren Treffen persönlich. Man hilft sich da sogar gegenseitig aus, egal ob es um Teile oder Rat geht.

Country	City	Company	Expert/Owner
Austria	Linz	Kompass Datenrettung	Bela Stirbu
Brazil	São Paulo	Bot Recuperação de Dados	Paulo Braga
	Porto Alegre	InfoDataHD	Raphael Santos
Bulgaria	Sofia	ITEMAV Ltd.	Dimitar Velichkov
Canada	Alberta	Data Recovery Expert	Oleg Gritsev
Denmark	Herlufmagle	Quattro Data Recovery	Jens H.S. Tingleff
France	Pantin	Data Up	Nicolas Plée
Germany	Berlin	030 Datenrettung Berlin GmbH	Martin Schauerhammer
	Bielefeld	CBL GmbH	
	Munich	ACATO GmbH	Christian Bartsch
Greece	Athens	DataRecall	George Soulis
	Athens	TicTac Data recovery	Panagiotis Pierros & Mike Mingos
India	Mohali	Chandigarh Data Recovery	Amarbir S. Dhillon
Italy	Milan	DataStor	Francesco d'Angelo
	Cagliari, Sardinia	Data Recovery Italia	Claudio Asoni

	Mendoza	Recupero Datos	Adrian Francisconi
Norway	Bergen	RecoverIT AS	Espen Dysvik-Brandt
Oman	Muscat	Space data Recovery	Sparx Max
Portugal	Porto	Bot Recuperação	Thiago Vieira
	Lisbon	HD Rescue	Tiago Colaco
Romenia	Constanta	Recuperari Date HDD	Cristian Stan
Ukraine	Kyiv	512 Byte	Andrey Fedorov
United Kingdom	Sheffield	TRC Ltd.	Chris Sampson
	Peterborough	PC Image Data Recovery Ltd.	Sean Kerrigan
	Cardiff	NANDOFF Data Recovery	Mark Greenwood Jnr
USA	Bala Cynwyd, Pennsylvania	Tri Star Data Revocery	Don Anderson
	Phoenix	Desert Data Recovery	Tim Homer
Serbia	Belgrade	Data Solutions	Nikola Radenkovic
	Belgrade	HelpDisk d.o.o.	Nikola Radovanovic
Sweden	Linhamn	PlexData	Daniel Milino

3.4.7 Weiterbildung und Wissensaustausch

Es ist wichtig, dass Datenretter sich regelmäßig weiterbilden und auch mit Berufskollegen aus aller Welt austauscht. Manches davon machen wir 1:1 über Zoom oder Skype und andere male auch in Person bei den Veranstaltungen. Es ist schön auch mal den Menschen hinter der Firmenfassade auch näher kennen zu lernen.

Bild: AceLabs Konferenz, Vortrag über Virtualisierung

Es ist so wichtig neues Wissen zu erhalten und dabei Kooperationen zu ermöglichen. Datenretter die auf solchen Veranstaltungen sind, vertrauen einander eher, weil sie wissen, dass sie auch wirklich im Labor tätig sind und keine reinen Reseller sind.

Selbst Mitarbeiter der Polizeilabore nehmen an diesen Veranstaltungen teil, um von der Erfahrung der Hersteller und Datenretter zu profitieren.

4 Technische Ausrüstung

Die technische Ausrüstung für Datenretter ist vielfältig und nicht immer ganz einfach zu beherrschen. Zu den führenden Herstellern gehören heute **Acelabs** (Russland), **Rusolut** (Russland) und **HD Surgery** (Serbien).

Einige Hersteller sind aus dem Segment Datenrettung mittlerweile ausgeschieden, denn sie fokussieren sich mehr auf den Bereich der Forensik. Hierzu gehören SalvationData, Atola und andere Mitbewerber.

4.1 Ausrüstung für Datenrettung aus Festplatten

4.1.1 Atola Bandura

Dieses Festplattenkopiersystem hat ein Diagnose-System, dass dem des DCK deutlich überlegen ist. Will man mehr Details so muss man PC3000 einsetzen.

4.1.2 Acelabs PC3000 Portable/Express

Das PC3000 System ist sowohl als portable sowie kleine und große Kartenlösung vorhanden.

4.1.3 Acelabs Data Extractor

Zusätzlich zu der PC3000 Hardware benötigt man eine Lizenz für den Data Extractor der als reguläre und als RAID Version angeboten wird:

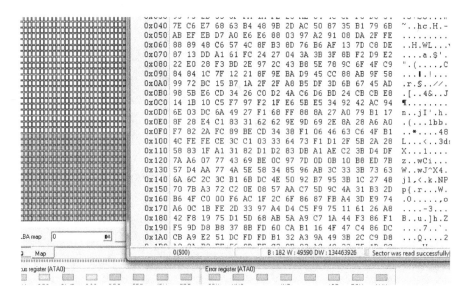

Man benötigt mehrere Schulungen und viel Übung um diese leistungsfähigen Systeme der Firma AceLabs zu beherrschen. Im folgenden Beispiel versucht das System die Festplatte zu kalibrieren und für eine Rettung vorzubereiten.

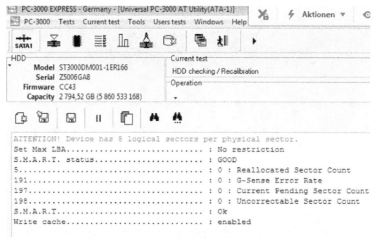

Bild: PC-3000 Werkzeug im Einsatz

4.1.4 SalvationData File Extractor

Der File Extractor ist ein tolles Produkt für jeden der gerade sein Datenrettungs-Unternehmen gestartet hat. Damit lassen sich viele ältere Festplatten bis zu einer Größe von ca. 1 TB problemlos auslesen.

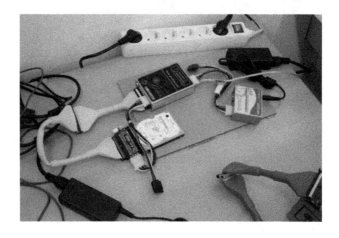

Aufgrund der Bauweise musste man aber immer mehr Geduld aufbringen. Irgendwann hatten diese Systeme auch für modernere Festplatten ausgedient.

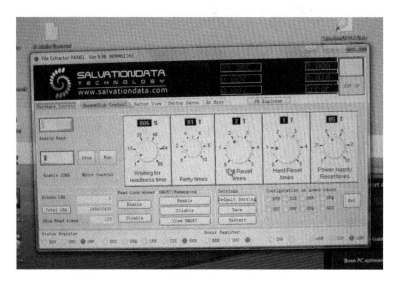

In manchen Ländern wie etwa Indien und Afrika gibt es noch sehr viele Festplatten, die sich mit diesem System bestens auslesen lassen. Jeder Market ist preislich und technisch unterschiedlich. Systeme die sich in Nordamerika und Europa finanzieren lassen, sind in Indien einfach zu teuer.

Wie man an folgendem Bild (aus 2011) erkennt, waren die Kabel aber nicht gerade optimal und recht ungelenkig. Da musste man sich mit allerlei Hilfsmittel aushelfen.

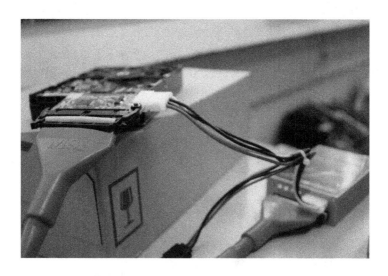

Komplexere Probleme erforderten jedoch den Einsatz von „HD Doctor" oder dem Konkurrenzprodukt PC3000

4.1.5 SalvationData Data Copy King

Mit dem DCK können PATA und SATA Festplatten überprüft, kopiert und gelöscht werden. Es kann aber nur 1 Festplatte zeitgleich gelöscht werden. Seine praktische Bauweise erlaubt es dieses System mit zum Kunden zu nehmen. Es existiert ein Kopierschutz

4.1.6 Reinraum bzw. Laminarflow Desktops

Festplattengehäuse dürfen nicht im normaler Raumatmosphäre geöffnet werden. Hierzu verwendet man professionelle Systeme. Alle mir bekannten Datenrettern mit echten Reinraumlaboren haben ein solches System.

Bild: Laminarflow Arbeitsplatz mit Beweisfotographie

Abhängig von Herstellqualität und Ursprungsland kann ein solches System zwischen 2000 und 12000 EUR kosten.

Wie man im Bild sieht, benötigt man aber auch andere Gerätschaften (Mikroskope, Werkzeuge, Plattenhalterungen).

Von oben wird die Luft durch einen HEPA Filter angesaugt und durch den gesicherten Raum durchgeblasen. Dadurch wird verhindert, dass staubige Luft und Hautpartikel in den Innenraum der Festplatten gelangt. Der Gitterboden (siehe Bild oben) lässt die Luft ungehindert hindurchfließen. Gelegentlich können aber kleinere Schrauben durchfallen.

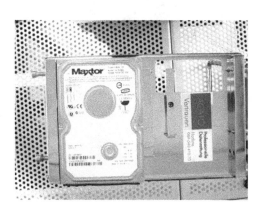

4.1.7 SCSI / SAS Raid Controller

Für diverse Systeme benötigt man auch eine Reihe von Raid Controllern und Anschlussadaptern.

Folgendes Bild zeigt ein SCSI Controller der mit PC3000 SAS in Kombination für die Wiederherstellung von Daten aus SCSI Festplatten verwendet werden.

Folgendes Bild zeigt ein Adapter und Kabel zur Stromversorgung:

4.2 Ausrüstung für Datenrettung aus Speicherkarten und USB-Sticks

4.2.1 PC3000 Flash

Der Einstieg gestaltet sich mit PC3000 Flash deutlich einfacher. Jedoch ab einem bestimmten Zeitpunkt braucht man einfach eine Schulung von Acelabs. Das Wissen was ich über die Jahre bei *Roman Morozov* und seinen Kollegen gelernt habe, ist schon wertvoll und eine Reise nach Rostov on Don (Russland) oder Prag wert.

4.2.2 VNR von Rusolut

Mit VNR lassen sich verschiedene Speicherchips aus USB-Sticks, Speicherkarten sowie Smartphones auslesen. Daher siehe nachfolgendes Segment zu Smartphones.

Da die Schulungen sehr viel Wissen vermitteln habe ich mir selbst ein eigenes Trainingshandbuch erstellt. Man tendiert doch schnell was zu vergessen.

Es schon heftig viel was so auf über 200 DIN A4 Seiten zusammengekommen ist. Gelegentlich auch neues Wissen hinzugefügt.

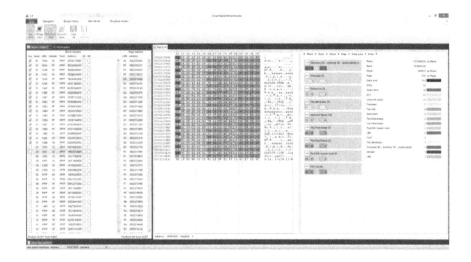

4.2.3 Löthalterung für Platinen und Chips

Diese Halterung dient dazu die Platine oder den Chip selbst fest zu halten.

4.2.4 Reworkstationen

Um Chips höherer dichte sicher von Platinen zu entfernen benötigt man professionelle Reworkstationen.

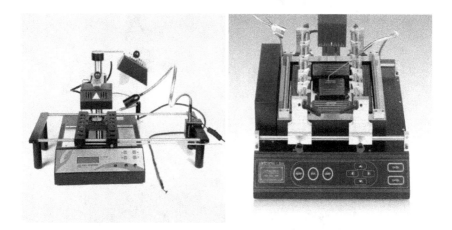

Folgendes Beispiel zeigt die Verwendung einer **Rework Station** um eine Smartphone Platine zu bearbeiten:

4.2.5 Stencils für Reballing der Chips

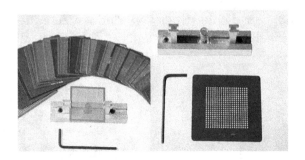

4.2.6 Halterung fürs Reballing

4.2.7 Spezielle Smartphone Reballing Kits

Man verwendet spezielle Stanzplatinen (Stencils genannt), um die Lötkugeln in Position zu halten und in der Rework Station an die Unterseite des Chips neu anzubringen.

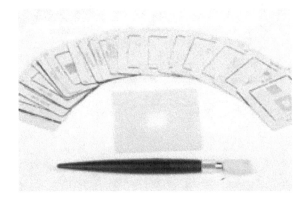

4.2.8 Entlötlitze

Man braucht auch eine Entlötlitze, um das Lötzinn von einer Kontaktstelle sauber zu entfernen. Es gibt unterschiedliche Breiten und Qualitäten. Entweder sind die auf einer großen rolle oder in einer kleinen handlichen Rolle aufgespult.

4.2.9 Lötstation

Man benötigt auch eine Lötstation. Hier gibt es unterschiedliche am Markt. Manche haben lange lötspitzen und andere kurze. Diese sind technisch verschieden in der Bauweise und in ihren spezifischen Anwendungsgebieten.

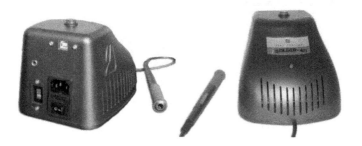

4.2.10 Saugstifte und sonstige Hilfsmittel

Um einen Chip vorsichtig von der Platine aufzuheben benötigt man entweder einen Saugstift oder feine Pinzetten.

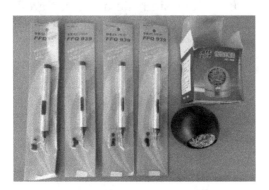

4.3 Ausrüstung für Datenrettung aus Smartphones

4.3.1 VNR von Rusolut

Der Visual Nand Reconstructor ist ein Produkt von Rusolut.

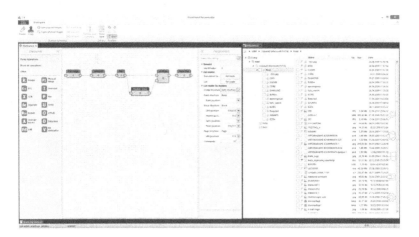

Im Rahmen der verschiedenen Tests, konnten mit VNR immer mehr Daten aus beschädigten Flashspeichern basierenden Datenträgern gerettet werden.

Bild: Ausschnitt aus meiner Präsentation beim BKA

Wie man dem Bild entnehmen kann, ist das Produkt modern aber auch komplex aufgebaut. Eine Schulung bei Rusolut ist zu empfehlen.

Zusammen mit *Sasha Sheremetov* (dem CTO von Rusolut) habe ich diverse Geräte und neue Verfahren getestet, da wir einen großen Bestand an Referenzgeräten (ca. 2000 Handies / 5000 Smartphones) hatten.

Bild: Schulung bei Rusolut in 2015 (ich sitze links im Bild)

4.3.2 NuProg

Mit Nuprog lassen sich UFS Chips auslesen, die in vielen modernen Smartphones verbaut sind. Unterstützt werden UFS und eMMC/eMCP chips.

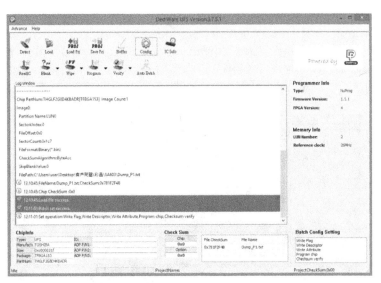

4.3.3 Easy JTag Auslesegeräte

Mit easy Jtag lassen sich Smartphones diverser Bauweise im Betrieb auslesen. Es gibt jedoch Grenzen was tatsächlich möglich ist.

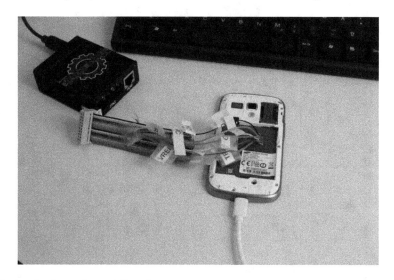

4.3.4 Salvation FlashDoctor

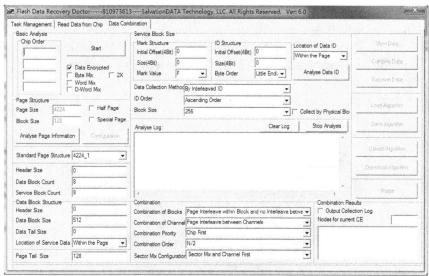

Dieses System gehört zu den ältesten Vertretern der Speicherchip-Lesesysteme.

4.3.5 Sivana

Unter den Exoten gehört das Gerät von Sivana.

4.3.6 LCD-Separators

Um den Bildschirm vom Gehäuse zu trennen benötigt man in manchen Fällen einen „LCD-Separator". Die Displays sind in heutigen Smartphones häufig festgeklebt. Problematisch wird es, wenn ein Smartphone in einer Handy Werkstatt repariert und mit einem hitzeunempfindlichen 3M Kleber wieder verschlossen wurde.

Das führt zu einem riesigen Arbeitsaufwand, da nur noch das aufsägen des Gehäuses möglich ist. Dabei fliegen viele kleine Glassplitter überall hin. Es lässt sich kaum vermeiden einen Splitter in den Finger zu bekommen.

4.4 Software Produkte

Es gibt sehr viele Software Programme für diverse Szenarien in der Datenrettung. Egal ob es um die Wiederherstellung eines beschädigten Raid Verbunds oder die Reparatur einer defekten Outlook Datei geht.

4.4.1 CryptCleaner

Reinigen von Computern die durch Ransomware zugemüllt wurden lassen sich mit CryptCleaner automatisch und schnell bereinigen. Einige Ransomware Programme haben sie Strategie einen PC so mit Text Dateien vollzufüllen, dass das Betriebssystem in die Knie geht.

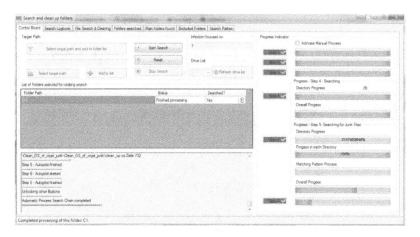

Bei einem Fall mit einer Intel Core 7 Notebook hat ein Ransomware es geschafft ihn langsamer als ein 10 Jahre älterer Pentium 5 Computer. Manuelles löschen war unmöglich. Also musste eine technische Lösung her und daraus wurde CryptCleaner.

4.4.2 R-Studio

Die Software R-Studio ist ebenfalls eines der bei Datenrettern weit verbreiteten professionellen Werkzeugen.

4.4.3 UFS Explorer

Mit dem UFS Raid Explorer lassen sich Raid System nachbauen und die daten retten. Dad System ist für Anfänger etwas zu kompliziert. Aber mit Anleitung eines erfahrenen Anwenders wird der Einstieg deutlich schneller gelingen.

Dieses Werkzeug ist besonders leistungsfähig auch beim Erstellen von Abbildungen einzelner Festplatten.

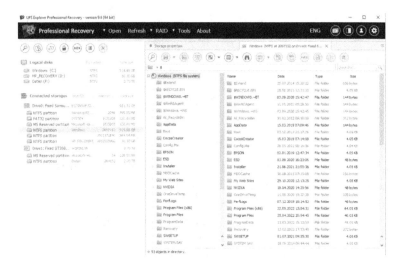

4.4.4 JPEG Repair Kit

Häufig zerstören Anwender ihre Bilder durch Versuche ihre Daten selbst zu retten. Unser Kollege Joep van Steen (Disktuna.com) aus den Niederlanden hat die Software JPG Repair kit erstellt, um eben diese Bilder zu reparieren.

Bild: JPEG Repair Kit im Einsatz

4.4.5 Cellebrite UFED

Nicht so häufig finden forensische Geräte Einsatz bei der Datenrettung. Das liegt an ihrer technischen Ausrichtung. Dennoch möchte ich hier dieses Werkzeug vorstellen.

Bild: UFED Tasche mit diversen Adaptern

Das UFED System existiert als Laborlösung (UFED4PC) oder als mobile Lösung in einem embedded System für Einsatzkräfte Vorort.

Zu der Sammlung an Kabeln gibt es noch eine Reihe von Geräten, die helfen Daten bzw. Beweise aus den Geräten zu sichern. Die mitgelieferte Software besteht aus mehreren Komponenten.

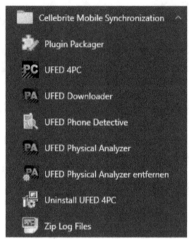

Bild: Cellebrite Werkzeuge

Man erhält auch einen USB-Dongle mit dem man seine Lizenz gegenüber der Software bestätigt.

Ist ein Gerät jedoch defekt oder nicht von UFED erkannt, so muss man andere Wege gehen. Hier empfiehlt es sich dann VNR oder PC3000 Flash einzusetzen.

4.4.6 HD Tune Pro

In der Datenrettung müssen Ersatzteile eingesetzt werden. Dabei bilden Datenretter über die Jahre hinweg große ersatzteilbestände. Damit aber eine schnelle Qualitätskontrolle möglich ist, hilft die Software HD Tune Pro.

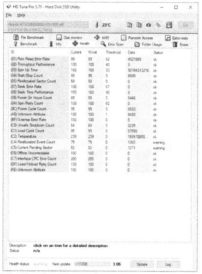

Bild: Fehlerhafte Festplatte im Bestand erkannt

Gewiss kann man das auch mit den Bordmitteln von PC3000 erzielen, aber nicht immer sind freie Plätze an den Laborgeräten um diese Tests durchführen kann.

Bild: PC-3000 Universal tools

5 Sicherheit in Unternehmen

Sicherheit geht jeden Mitarbeiter an, denn nicht nur der Unternehmer und der IT-Administrator sind Bestandteil einer funktionierenden Betriebssicherheit. Sensibilisieren Sie ihre Mitarbeiter auf jeder Ebene der Organisation.

5.1 Falsch geglaubte Sicherheit

Unternehmer, Geschäftsleitung, Management bis hinunter zur untersten Hierarchieebene glaubt nicht an einen Datenverlust, den man nicht selbst lösen könnte. Hier liegt man aber komplett falsch. **Notfallpläne** haben die wenigsten Unternehmen und wenn sie zur Anwendung kommen sollen, sind sie entweder komplett veraltet oder nicht sofort auffindbar.

Das hat nichts mit Unordnung, mangelnder Disziplin oder inkompetentem Management zu tun. Es ist einfach menschlich, dringendere Aufgaben vorzuziehen, weshalb andererseits wichtige, aber nicht dringende Tätigkeiten gerne aufgeschoben werden.

Irgendwann sind sie dann komplett vergessen. Auch die Investitionsplanung ist mit eine der Ursachen für **veraltete und betriebsuntaugliche Ausrüstung**, die im Ernstfall einer plötzlichen Dauerbelastung (bei einer Rücksicherung) nicht mehr Stand halten kann.

5.1.1 Wie die NAS zum schwarzen Loch wird

Immer mehr Unternehmen begeistern sich für die so verwaltungsarmen NAS Systeme, seitdem diese sich problemlos in das eigene Netzwerk integrieren lassen. Gerade bei kleinen mittelständischen Unternehmen fehlt aber das Wissen, um die korrekte Konfiguration dieser „**Network Area Storage**" Systeme vorzunehmen. Dadurch werden schon bei der Einrichtung eklatante Fehler gemacht, die später die Idee einer Redundanz zunichtemachen.

Hier sollen Beratungen im Bereich von IT-Sicherheit, IT Compliance und Betriebsoptimierung greifen. Leider gibt es auch Unternehmer ohne Einsicht, die auch nach einem teuren Systemausfall ihre IT-Infrastruktur (unbeirrt) weiter komplett ungesichert betreiben.

5.1.2 Irrtümer in der Beratung

Manche Beratungshäuser investieren wenig Zeit in die Recherche, ob ein zu empfehlendes Sicherheitssystem tatsächlich zur vorhandenen Infrastruktur passt. Wenn unzählige **Whitepapers, sowie deutliche Warnungen** der Hersteller vor dem Einsatz bestimmter Prozessoren **ignoriert** werden, kann bei einem Systemausfall der Ruf des Beratungshauses beschädigt werden.

Nach erfolgter Beratung und Einführung werden aber Warnungen von Beratern aus dem eigenen Haus nicht gerne gehört; schließlich wäre das ein Eingeständnis einer falschen Beratung. Die Furcht vor Schadensersatzforderungen (durch den Kunden) könnte zu schnellen Bemühungen führen, solche Warnrufe zu ersticken (Eccles, Krzus, 2010).

5.1.3 Überprüfung der Sicherheit nach Cobit

Eine Überprüfung der Sicherheit nach Cobit (engl. Abkürzung für: *Control Objectives for Information and Related Technology*) ist häufig eine gute Überlegung, wobei die nationalen Standards ebenso gute Vorlagen bieten. Wer eine Sicherheitsüberprüfung mittels der Richtlinien des BSI (Bundesamt für Sicherheit in der Informationstechnologie) erstellt, liegt da auf dem richtigen Pfad. Leider gibt es aber auch Entscheider, die glauben, kraft ihres Amtes ein besseres Ergebnis erreichen zu können.

Bild: Unterseite eines EMC Chips

Datensicherheit gehört nicht in den Verantwortungsbereich der IT, sondern in die der Geschäftsleitung (Asma, 2011). Sie hat zu überwachen, dass einzelne Arbeitspakete korrekt delegiert und umgesetzt werden. Hier nutzen Wirtschaftsprüfer mit Ihrer amerikanischen Überprüfung nach den SOX Richtlinien einen optimalen Ansatz (Braiotta, 2010). Sie entfernen eine Menge Wildwuchs aus den Organisationen, indem Mandanten vor den rechtlichen Gefahren gewarnt werden.

Sind einmal Organisationen sensibilisiert, geht es an die eigentliche Arbeit: Sicherheitslöcher erkennen, priorisieren, stopfen und dokumentieren. Regelmäßige Suchaufträge nach internen Problemzonen erhöhen die Effektivität der möglichen Vorsorgemaßnahmen. Braucht man aber Vorsorgemaßnahmen, wenn man sowieso Ausfallsicherheit durch Hardware oder Rahmenverträge erkauft? Natürlich geht Sicherheit Hand in Hand mit Vorsorge. Sonst ist das Einzige, das sicher ist, der nächste Ausfall.

5.2 Ausfallsicherheit von Datenbanken

In vielen Unternehmen werden Datenbanken unterschiedlicher Größe und Bedeutung betrieben, wobei die Versionen der Datenbanksysteme deutliche Auswirkungen auf die Ausfallsicherheit haben. Manche Unternehmen führen eine stringente Plattformstrategie durch und erlauben nur ein einziges Datenbanksystem eines Herstellers.

Mit dem Einzug der Open Source Lösungen (hier: MySQL) in die Unternehmen haben Microsoft und Oracle als Marktführer in dem Datenbanksegment weitere Konkurrenz erhalten.

Bei Banken und großen Konzernen findet man sehr häufig die **Oracle DB Enterprise** Versionen im Einsatz. Die **Funktionsvielfalt und Leistungskraft** der Oracle Datenbanken 8 und 9 konnten schon vor 10 Jahren unter Beweis gestellt werden. Mit SQL 2008 Server hat Microsoft ein ebenbürtiges Konkurrenzprodukt aufgestellt.

Die Wahl der Plattform trifft aber immer noch das Unternehmen. Oracle Datenbanken werden aber auch im **Mittelstand** eingesetzt. Hier wird neben der großen Enterprise Version auch sehr gerne die Standard Version verwendet, denn sie verfügt zwar über eingeschränkte Funktionen ist aber dabei deutlich günstiger in der Beschaffung. Unternehmer sollten die **Höhe der benötigten Ausfallsicherheit** beachten. Das kann sehr gefährlich sein, wenn man sich aus Beschaffungsgründen gegen die Enterprise Version entscheidet.

Zu empfehlen ist auf jeden Fall die Enterprise Lizenz. Sie zeichnet sich durch sehr **leistungsfähige Begleitfunktionen** aus, die in Ausfallsituationen bei der Erarbeitung von Reparaturen und Problemlösungen behilflich sein werden.

Unternehmer entscheiden sich aber gegen Enterprise und ignorieren die exorbitanten Kosten des **Wiederanlaufens der Betriebsprozesse** nach einem Systemausfall. Die von Oracle angebotenen Unterstützungsleistungen sind von hoher Qualität und schützen Unternehmen vor rasant anwachsenden ausfallbedingten Verlusten. Zu glauben, dass man nie in so eine kritische Situation gerät, ist einfach realitätsfremd und unverantwortlich. Wenn man schon eine sehr gute Datenbankplattform erwerben will, sollte man nicht am letzten Euro sparen. Die Gründe hierfür, werden im Folgenden aufgezeigt.

In Bezug auf Ausfallsicherheit bietet Oracle mit der Version 11g Enterprise hervorragende Elemente, die nicht im 11g Standard enthalten sind.

5.2.1 Performance bezogene Risiken

Zunächst stellen sich Performance bezogene Risiken für den Einsatz von Standard statt Enterprise dar:

Im Falle eines Ausfalls gelangt man schnell in Zeitnot und benötigt eine schnelle Verarbeitung der wiederhergestellten Daten. In der **Standard Edition** wird nur über eine CPU-Daten verarbeitet, so dass hier ein **Flaschenhals** entsteht. Dagegen bietet Enterprise eine schnelle Verarbeitung. Sie kann durch **Parallelisierung** die Last über mehrere Prozessoren verteilen. Das hat Auswirkungen auf **Recovery und Backup Aktionen**, denn diese verkürzt die Recovery-Zeit signifikant. Hinzu kommt die **Query und DML Funktionalität** bei der Enterprise Version, die durch „**Datapumps"** sowie **Export-/Importfunktionen** komplementiert werden.

Detaillierte Informationen sind auch aus den Statistiken zu entnehmen. Ein **Indexbuilding** verkürzt auch die Datenverarbeitung und Abfragezeiten. Damit bietet die Enterprise Version nicht nur in Ausfallsituationen deutliche Vorteile, denn auch im regulären Betrieb zeigt sich die Enterprise Version von ihrer kooperativsten Seite dem Anwender gegenüber.

Zusätzlich zu diesen „**optimierten Indizes (Bitmaps)"** stehen auch ein „**Result Cash"** sowie „**Materialized View Query"** zur Verfügung. Dadurch kann notfalls auch ein „**Rewrite"** erfolgen, dass es bei einer fehlerhaften Verarbeitung immer noch ermöglicht, auf den vorherigen Zustand zurückzukehren.

Solche Funktionen hat Standard nicht. Das darf nicht unterschätzt werden, denn in der Praxis treten hier sehr häufige menschliche Irrtümer auf, die zu hohen Reparaturkosten führen. Hinzukommt die fehlende „**Infini Band Support**" Funktion von Oracle, die es nur bei der Enterprise Edition gibt.

5.2.2 Verfügbarkeit von Datenbanken

Als nächstes muss man sich mit dem Thema der Verfügbarkeit auseinandersetzen, wenn es um die Entscheidung für eine der beiden Editionen:

Zwar verfügt Standard über den **Flash Query**, jedoch ist das nicht für eine Wiederherstellung geeignet und bietet daher auch **keine Sicherheitsfunktion**. Groß auftrumpfend kommt aber Enterprise mit 5 Jokern: Zunächst wird ein „Desasterschutz" durch den „**Data Guard**" angeboten, der einen „**Zero Data Loss**" verspricht.

Eine hohe Wiederherstellungsgeschwindigkeit wird mittels des „**Flash Back**" erreicht, der sich auf die Datenbank und den Transaktionen positiv auswirkt. Nicht zu verachten ist aber auch „**Fast Start Recovery**" mit denen eine schnelle Wiederinbetriebnahme des Systems ermöglicht wird. Um die Risiken auf mehrere getrennten Systeme zu verteilen, kann man mit Enterprise auch eine Replikation und ein Streaming realisieren.

Dabei unterstützt das „**Rolling Upgrade**" den IT-Systemadministrator und Datenbank-Administrator bei der Instandhaltung sowie bei der Problembehebung. Die damit verbundene Personalkostensenkung komplementiert die mögliche Begrenzung der ausfallbezogenen Verluste (Produktionsunterbrechung).

Ist ein Systemausfall über einen deutlich längeren Zeitraum präsent, so kann in vielen Produktionsbetrieben mit der Abschaltung der Produktionsanlagen gerechnet werden.

In Betrieben der chemischen Industrie und anderen Fertigungsprozessen mit engen Temperaturbereichen, dauert es deutlich länger den optimalen chemischen Zustand wiederherzustellen, als eine Datenbank zu reparieren.

Daher sind die Folgekosten eines Ausfalls sehr viel bedrohlicher, als die eigentlichen EDV-bezogenen Reparaturarbeiten. Selbiges gilt auch für Flughäfen oder Logistikunternehmen, wo durch einen Ausfall eine komplette reibungslose Prozesskette unterbrochen wird. Bis alles wieder perfekt und ohne Störung anläuft, dauert es länger, als man in der Annahme, „es wird schon nichts passieren" sich vorstellen konnte.

5.2.3 Strategische Produktauswahl

Betrachtet man nun die Erkenntnisse aus Performance und Verfügbarkeit, so stellt sich die Frage, welchen Sicherheitsbeitrag die Enterprise Edition gegenüber der Standard-Version aufbieten kann:

Oft müssen in Unternehmen Datenbanksysteme auch eine Mandantenfähigkeit unterstützen. In-house entwickelte Lösungen benötigen aus technischen und rechtlichen Gründen oft eine datenbankbasierende Trennung von Daten. Mit „**Virtual Private Database**" Funktion stellt Enterprise den notwendigen Datenschutz bereit.

Die Anforderungen von **Compliance** an eine **Protokollierung der Datennutzung** erfordert die Bereitstellung von **Audit Trails**. Die Enterprise Edition kann aber mit dem „**Fine Grained Auditing**" diese Kontrollinformationen liefern. Zusätzlich besteht die Möglichkeit mittels des Encryption Toolkits die Sicherheitsmaßnahmen zu verbessern. Damit wird mittels **ASO** auch der Schutz des Expertenwissens im Unternehmen erreicht.

Wenn alle Anforderungen an Performance, Verfügbarkeit und Sicherheit berücksichtigt werden, darf nicht die Verwaltung der Plattform vergessen werden. Hier bietet der Hersteller im Oracle Release 2 mit dem „DB **Resource Manager**" ein sehr hilfreiches Werkzeug. Dazu kommt mit dem SQL-Plan Management, die Möglichkeit Aktionen noch besser zu planen und routiniert ablaufen zu lassen.

Gelegentlich hat man mit den „Tablespaces" so seine Probleme. Früher bei Version 8 traten immer wieder Ausfälle von Applikationen auf, da durch vollgelaufene „Tablespaces" eine Verarbeitung nicht mehr möglich war. Hier hat man einfach diese „Tablespaces" vergrößert. In R2 kommt die Möglichkeit der „**transportable Tablespaces**" noch stärker zum Tragen. Die Funktion für OEM AWR/ADDM kann ebenfalls für den Erwerb der größeren Lizenz sprechen.

In der Praxis versuchen Unternehmen immer wieder durch RAC („**Real Application Cluster**") eine Ausfallsicherheit zu erreichen und gelangen aufgrund von Leitungsengpässen in kritische Situationen. Hier empfiehlt es sich über eine **Organisationsumstellung** nachzudenken.

Ob „**APEX**" hierbei zusätzlichen Nutzen bringt, kann nur mit einem spezifischen Fallbeispiel erläutert werden. Hierzu fehlt aber der mögliche Zeitrahmen, denn dies wirkt sich im Bereich des **Ressource Managements** nicht unerheblich aus. Trotzdem sollte man sich nicht durch Installationsfunktionen verwirren lassen.

Die 4 Kernbereiche einer ausfallsicheren Datenbank wurden somit im Galopp aufgezeigt, denn die unternehmerische Betrachtung muss hiervon separat erfolgen. Manche Entscheider bevorzugen die Eingrenzung der **Betriebskosten** (OPEX) und andere blicken nur auf die sich kurzfristig auswirkenden **Beschaffungskosten** (CAPEX).

Man muss aber beim Thema Ausfallsicherheit sowohl OPEX als auch CAPEX kombiniert betrachten. Hier liegen die Wurzeln in einer Fehlplanung, die bei einem Ausfall zu hohen Verlusten oder gar Insolvenz eines Unternehmens führen.

Auf diesen Elementen basiert ein Teil der IT-Risikoeinschätzung im Rahmen von Präventionsberatungen. Dabei sind die branchen- und unternehmensspezifischen Charakteristika zu berücksichtigen. **Operative Risiken und Fehlerquellen** werden zusammen mit den kriminalistischen Risiken mit bewertet. Das dabei errechnete Rating wird auf den **Best Practice Index** bezogen.

6 Präventionsmaßnahmen

Selbstverteidigung kann man lernen. Das sollte doch auch in der Informationstechnologie möglich sein? Die Präventionsberatung ist ein Baustein dieser Wissensvermittlung.

6.1 Überblick Infrastruktur

6.1.1 Dokumentation vorhandener Infrastruktur

Je besser man die vorhandene Infrastruktur dokumentiert und inventarisiert hat, desto eher kann man Ausfälle bewältigen. Zur Infrastruktur zählt die klassische EDV (Server, Arbeitsplatzsysteme, Peripheriegeräte, LAN-Komponenten) sowie verbundene/nicht verbundene Systeme (klassische/moderne TK-Anlage, Mobiltelefone, Smartphones, Kopierer, Alarmanlagen, Videoüberwachung, etc.).

Alle diese Systeme haben im Unternehmen eine zugeordnete Rolle und bringen entsprechende Risiken mit sich. Ein Ausfall einer scheinbar unbedeutenden Komponente, kann eine Kettenreaktion in der EDV auslösen.

Daher sollte zunächst eine Liste aller Gerätetypen und der dazugehörigen Verantwortlichen erstellt werden. Jedes Gerät benötigt eine eindeutige Kennzeichnung am Gehäuse sowie innerhalb des Netzwerks.

Am besten werden vorher mehrere Risikoklassen von 1 (geringes Risiko) bis 10 (hohes Risiko) definiert. Die Analyse der strategischen Schwachstellen erfolgt anschließend, da nun schon ein Überblick über die eigene Infrastruktur vorliegt.

6.2 Schwachstellenanalyse

6.2.1 Analyse der strategischen Schwachstellen

Strategische Schwachstellen befinden sich oft in unternehmenskritischen Systemen, die den Produktions- oder Verwaltungszyklus enorm schädigen können. So ist etwa der Ausfall des Zentralrechners zur Steuerung mehrerer Roboter ein Produktionsrisiko.

Fällt dagegen der Mailserver aus, so können eingehende Kundenanfragen oder wichtige rechtliche Dokumente nicht ausgetauscht werden. Der Ausfall der Telefonanlage hindert den Vertrieb daran, im Kundengespräch Geschäftsabschlüsse zu sichern.

Alle existentiell relevanten Systeme benötigen eine Erwähnung im Risikokatalog, um die Notwendigkeit einer Krisenplanung zu betonen. Jede betroffene Fachabteilung muss ihren Beitrag zur Vorsorge leisten und mit anderen Fachbereichen zusammenarbeiten.

Ist für die Schwachstelle kein Notfallplan oder keine dauerhafte Lösung zur Verringerung des Risikos vorhanden, so stellt dies eine zusätzlich gefährliche Schwachstelle dar. Ist die Produktion oder die Logistik dadurch gefährdet, so ist dies auch für die Wirtschaftsprüfer ein zu meldendes Problem.

Kann aber eine zuvor als hoch riskante Schwachstelle aufgezeigte Problematik gelöst oder in ihrer Gefährlichkeit abgesenkt werden, so hat man den Sinn dieser Methodik erkannt und vorausschauend das Unternehmen geschützt.

6.2.2 Soll-Ist Analyse

Gerade wenn Unternehmen versuchen zu erkennen, was der ideale Zustand ist, benötigen Sie oft mehrere Wegweiser. Diese können aus der Rechts-, der technischen oder organisatorischen Beratung kommen. Wichtig ist es dabei den eigenen Zustand zu erkennen und diesen dem Idealbild gegenüberzustellen. Vergleiche mit ähnlichen Unternehmen helfen ebenfalls bei der Betrachtung der zu bewältigenden Aufgaben.

6.3 Maßnahmenkatalog

6.3.1 Erstellung eines Maßnahmenkatalogs

Jeder der seine Risiken besser kennt, kann ernsthaft überlegen, wie ein idealer Krisenplan aussehen könnte. Dazu gehört es, auch passende externe Dienstleister zu finden, die etwa bei einem Brand, ein mobiles Rechenzentrum innerhalb von 24 Stunden aufstellen können.

6.3.2 Erstellung eines Krisenplans

Eine Krise meldet sich nicht vorher an, weshalb man auch im Team alle erdenklichen Krisen in Betracht ziehen muss. Selbst der zunächst unsinnigste Beitrag kann seine Berechtigung haben.

Für alle diese möglichen Fälle erstellt man einen Krisenplan, in dem der Leitstand und die Führung klare Anweisungen ableiten können. Diese Anweisungen sollten in Ablaufdiagrammen abgebildet und durchgespielt werden, um eventuelle Denkfehler aufzudecken. Anschließend sollte die Führungsmannschaft mit ihren Mitarbeitern die Szenarien durchspielen, um auch andere, noch nicht berücksichtige Stolpersteine zu identifizieren.

6.3.3 Kommunikation der Reaktionspläne im Konzern

Es bringt allerdings nichts, Reaktionspläne in den Schubläden zu sammeln, denn nur informierte und vorbereitete Mitarbeiter können ein Unternehmen retten, wenn der Schadensfall eingetreten ist. Insbesondere müssen die Dokumente mit Versions-/Seriennummern versehen werden, damit man Änderungen nachvollziehen kann.

6.3.4 Umgang mit internen Machtkämpfen

Innerhalb von Unternehmen bilden sich nicht selten unterschiedliche Interessengruppen, die bestimmte eigene Ziele verfolgen. Manche sind progressiv und andere eher konservativ oder sogar destruktiv. Interne Machkämpfe führen zu Informationsblockaden, damit andere Gruppen einen Nachteil erleiden oder wichtige Leistungsträger geschwächt werden können. Diese internen Machtkämpfe einzudämmen ist nicht leicht oder gar unmöglich, trotzdem sind sie für ein Unternehmen schädlich und gefährlich.

6.3.5 Einführung eines Helpdesk Systems

Jedes große Unternehmen benötigt ein System mit dem es die Hilferufe seiner EDV-Anwender sammeln und die Probleme gezielt lösen kann. Wie hochkomplex oder rudimentär, entscheidet allein das Budget und die Anforderungen im Unternehmen.

7 Schutz

Die vorsorgliche Kontrolle und Überprüfung vorhandener Kontrollsysteme ist ein Muss für ein erfolgreiches Audit (Braiotta et al., 2010). Es fällt jedoch schwer, Daten zu überprüfen, wenn diese unwiederbringlich verloren oder durch nicht-professionelle Rettungsversuche zerstört wurden.

7.1 Umsetzungsgrad

Es gibt genügend Unternehmen, die ihre Personaldaten auf externen Festplatten speichern. Oft fehlt hier die notwendige Datensicherung, als auch eine entsprechende Verschlüsselung, um Datenmissbrauch im Fall eines Diebstahls zu verhindern. Das Fehlen entsprechender Sicherheitsmaßnahmen stellt gerade bei **SEC Mandanten** erhebliche Risiken für die Geschäftsführung dar.

Zunächst gehört es zu einem guten Plan für ein Audit, sowohl Charakteristika der notwendigen Prüfung, **zeitliche Rahmenfaktoren,** als auch inhaltliche Faktoren zu betrachten. Gerade bei den inhaltlichen Faktoren sind hier IT-Kontrollen mit steigender Bedeutung zu verzeichnen.

Wie das Unternehmen seine EDV dazu nutzt, Informationen zu erfassen, zu speichern, als auch zu verarbeiten, beeinflusst die Wahl der Audit Teammitglieder (Braiotta et al., 2010, p. 217).

7.1.1 Umsetzungsgrad von Empfehlungen

Wie soll man eine Kontrolle durchführen, wenn inhaltlich wichtige Daten fehlen, oder aus der Präventionsberatung hervorgehende Empfehlungen nicht ausreichend mit Überzeugung umgesetzt werden. Menschen müssen nun mal verstehen, warum man etwas in einer für sie fremd klingenden Art und Weise durchführen muss.

Folglich ist von einer organisatorischen Fehleinschätzung auszugehen, was gerade den intern beauftragten Mitarbeitern im **Enterprise Risk Management** (ERM) die Ausübung ihrer Funktion erheblich erschwert. Es muss das erklärte Ziel sein, Risiken zu erkennen, sowie möglichst weit mit wirtschaftlichen Mitteln abzufedern (Braiotta et al., 2010, p. 227).

7.1.2 Bedeutung laut Regulierer (SEC, NYSE)

Hier stellen die Regeln der New Yorker Börse zu Recht fest, dass die Risikoeingrenzung nicht im alleinigen Verantwortungsbereich der Geschäftsleitung liegen kann. In der Praxis erreicht man die effektivere Form der Umsetzung von Risiko Management Strategien, durch die Vorgabe von Richtlinien und internen Standardverfahren (NYSE Rule 303A.07©(iii)(D)).

Unternehmen ohne **ausreichende interne Expertise** oder Kapazität wären daher gut beraten, diese extern einzukaufen. Diese Anforderungen an amerikanische Unternehmen hat für andere Unternehmen einen wegweisenden Vorbildcharakter, da auch im britischen Wirtschaftsraum durch den „**Combined Code**" (2006, par.C.2.) diese Aktivitäten als Teil des erforderlichen Schutzes der Investoren hervorgehoben werden.

Damit der **Umsetzungsgrad der identifizierten Präventionsmaßnahmen** verbessert werden kann, müssen Unternehmen einen kontinuierlichen Kreislauf als internes Kontrollsystem einführen.

Es reicht nicht, eine Risikoanalyse einzuführen und nach Erkennung der Problemstellen, wegen des fehlenden Budgets das Risiko komplett zu ignorieren.

Dazu muss eine Kontrollumgebung geschaffen und unbedingt fest in den organisatorischen Prozessen verankert werden. Sind einmal diese Verfahren eingeführt, müssen sie permanent in Erinnerung gebracht werden.

Bild: Lesekopfarm mit Spezialhalterung
zum Schutz der empfindlichen Leseköpfe

7.1.3 Menschliche Störfaktoren bei der Durchführung

Was zusätzliche Arbeit ohne direkt erkennbaren Wert verursacht, wird über kurz oder lang von Organisationen verdrängt. Daher ist es sinnvoll, Daten zweckgebunden zu verarbeiten und daraus gewonnene Erkenntnisse dem Personal mitzuteilen. Damit kann man die **Akzeptanz der Verfahren** innerhalb der Stammbelegschaft leichter gewinnen und Blockaden vermeiden. Dabei darf nicht vergessen werden, vor, während und nach Einführung solcher Maßnahmen unbedingt den Betriebsrat mit einzubeziehen.

Wer versäumt, wichtige interne Fachbereiche mit einzubeziehen, wird den Erfolg der notwendigen Maßnahmen erheblich abschwächen oder sogar gefährden. Fortfolgernd, gehört es zu den Aufgaben aller Mitarbeiter (NYSE Rule 303A.07©(iii)(D)) die benötigten Daten bereitzustellen, um den Unternehmenserfolg langfristig zu sichern (Braiotta et al., 2010, p. 239).

Der nachhaltige Wert angemessener **Kontroll- und Optimierungs-mechanismen** wird durch mehrere japanischen Unternehmen (z.B. Toyota) erfolgreich vorgeführt (Eccles et al., 2010, p.117).

7.2 Wann sollte man Daten schützen?

Unternehmen benötigen permanent ungehinderte Zugriffsmöglichkeiten auf ihre wichtigsten Informationsquellen. Wird der Zugriff durch Sicherheitssysteme oder erforderliche Pausen erschwert, so tendieren Unternehmen **die notwendigen Sicherungsmaßnahmen zu unterlassen**. Folglich werden Aktivitäten zur Datensicherung verschoben oder nicht häufig genug durchgeführt. Das Ergebnis sind später umso größere Probleme.

Der Verlust der Daten ereignet sich bekanntlich meist ungeplant. Die Organisation muss vor dem Eintritt eines Verlustes Schutzmaßnahmen umgesetzt haben, um etwaige Folgekosten aus einem Verlust möglichst klein zu halten.

Denn Daten werden oft in großem Volumen unvorhergesehen abgerufen, um plötzlich auftretende Notwendigkeiten der **Verteidigung rechtlicher Interessen** des Unternehmens zu unterstützen. Gerade die strukturierte Datenhaltung ist von Bedeutung bei der schnellen und wirksamen Reaktion auf Rechtsstreitigkeiten. Chaotische Datenhaltung erschwert sowohl eine koordinierte Datensicherung, als auch eine effiziente Auswertung elektronisch gespeicherter Informationen.

Da der Schutz des Unternehmens von oberster Priorität für die Eigentümer, Geschäftsleitung und ihre oberen Führungskreis ist, unterstützt eine **Bewertung vorhandener Betriebsanweisungen** und Abläufe die Optimierung einer wirtschaftlich erforderlichen Unternehmenssicherheit. Dabei sollen organisatorische Elemente identifiziert werden, die eine Zerstörung wichtiger Unternehmensinformationen ermöglichen würden.

Eine funktionierende Präventionsstrategie erwartet, dass im Unternehmen Krisenreaktionspläne und eine Kommunikation über alle Hierarchien dem Schutzbedarf Rechnung trägt. Solche **Reaktionspläne** können etwa den notwendigen Ablauf vorgeben, bei dem ein plötzlicher Virenausbruch in der EDV des Unternehmens koordiniert und effizient bewältigt werden kann. Computerviren sind Feinde der elektronischen Datenverarbeitung, denn ihr Ziel ist meist, die Infrastruktur der Organisation lahm zu legen und eine möglichst breite Zerstörung zu erreichen.

Aus der Erkenntnis, dass Datenverluste nicht nur durch mechanischen Verschleiß, sondern auch als durch **gezielte Sabotage** durch fremde Kräfte weit außerhalb der Organisation verursacht werden können, reicht es für die Geschäftsleitung nicht aus, unbeaufsichtigt **Aufgaben und Verantwortung** weiter zu **delegieren**. Es ist elementar wichtig, die tatsächliche sinnvolle und wirtschaftliche Umsetzung der Zielvorgaben zu überprüfen und falls erforderlich neu zu definieren, sonst verliert die Notwendigkeit von Vorgaben aus den Augen, und hinterlässt unfertige Baustellen.

Sind Schutzmaßnahmen wirkungsvoll und zweckmäßig, so geht es darum, vertretbare Regelungen zu treffen, mit denen die Organisation leichter den Schutz gewährleisten und sich zugleich seiner eigentlichen wirtschaftlichen Aufgabe widmen kann.

Die wirtschaftliche Aufgabe eines Unternehmens ist nun mal die Produktion von Dienstleistungen und Gütern, die es auch zu vermarkten gilt, um damit Geld zu verdienen. Die Konzentration der Kompetenzen auf das Kerngeschäft, erlaubt es Unternehmen, etwaige Nebenschauplätze an kompetente externe Stellen auszulagern (z.B. Betreiber von Rechenzentren) und so die Energie in den Ausbau der eigenen Fähigkeiten zu investieren.

Der e-Discovery Prozess benötigt die funktionierende Umsetzung einer **Information Management Strategie**. Ohne praxistaugliche Informationstechnologie erschwert es den Juristen die Interessen des Unternehmens in der Außenwirkung zu verteidigen (Shook, et.al., 2011). Zu den Tugenden eines Juristen gehört sehr wohl Wortgewandtheit, Standhaftigkeit und Argumentationskraft. Ohne die richtigen **Daten zum richtigen Zeitpunkt** und im richtigen Kontext fehlt es den engagierten Verteidigern die Kraft erfolgte Angriffe ohne Schäden abzuwenden.

Folglich fragt man sich, wie man für rechtliche Auseinandersetzungen benötigte Daten zeitnah bereitstellen und **als integrierten Bestandteil** der Unternehmensvorgänge schützen kann. Informationen werden täglich im Nachrichtensystem des Unternehmens zwischen Mitarbeitern und außenstehenden Parteien ausgetauscht. Diese Nachrichten werden jedoch zu oft nur auf den lokalen Laufwerken der Arbeitsplatzrechner aufbewahrt. Zu wenig wird auf den zentralen Mailservern vorgehalten. Oft haben **historische oder technische Notwendigkeiten** diese dezentrale Datenhaltung gefördert. Selbst eine zentrale Datenhaltung hilft nicht in Notfällen, wenn diese Systeme nicht ausreichend geschützt und überwacht werden.

Gerade Mitarbeiter im Leitstand großer Rechenzentren sind die ersten Personen, die mit plötzlichen Krisensituationen konfrontiert werden. Oft führen **interne Rivalitäten** zwischen einzelnen EDV-Abteilungen und dem Leitstand zu unklugen Reaktionen, die das gesamte Unternehmen gefährden.

Es entstehen somit die klassischen **Fürstentümer der IT-**Organisation, denn Gruppenleiter und Abteilungsleiter schützen ihr Machtgebiet vor dem Zugriff anderer Abteilungen. Informationen zum Schutz des Unternehmens fließen infolge dessen nicht zwischen den Fachabteilungen. Teams beginnen in Krisensituationen sogar gegen eigene Mitglieder zu agieren, die für das Unternehmen wirken und **zerstörerische Kräfte der Vorgesetzten** nicht unterstützen wollen.

Somit entsteht eine mannigfaltige Anfeindung. Mit Hinblick auf diese organisatorischen und menschlichen Risiken, muss die Geschäftsleitung versuchen, der Organisation maximal 5 oberste Prioritäten zu geben. Dies schafft Klarheit und **transparente Leitsätze**.

Wunderwaffen wie „**Cloud Computing**" oder Datenbanksicherungssysteme können die menschlichen Schwächen einer Organisation <u>nicht aufheben</u>. Um Informationen jedoch zu schützen, muss man wissen, wo diese Daten im Unternehmen liegen. Leere Datenträger zu verlieren, ist finanziell unerfreulich; aber **unbewusst Daten zu verlieren**, ist einfach unvertretbar. Daher muss jedes Unternehmen seine Daten finden, schützen und für Unternehmenszwecke verfügbar halten.

7.3 Datenträgerverschlüsselung

Hier möchte ich dieses Thema der Datensicherheit nochmals aufgreifen, um zu zeigen, dass manchmal eine Festplatte oder SSD seine eigene Datensicherheit besitzt. Im folgenden Beispiel sehen wir eine SSD mit Zugriffsschutz, der auch Datenretter hindert an die daten zu gelangen.

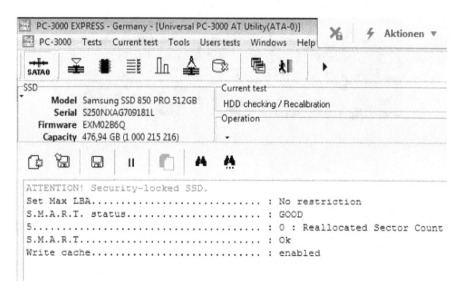

Damit zeigt es sich, dass selbst ein Zugriffsschutz auch ohne Verschlüsselung greifen kann.

7.4 Datenträgervernichtung

Nun werden Sie sich fragen, was eigentlich mit den defekten oder ausrangierten Festplatten passieren sollte?

Wenn wir DSGVO, BDSG, GDPR oder andere Datenschutzrichtlinien nehmen, müssen die Festplatten vernichtet werden. Wir haben in 2017 einen großen Bestand an ausgeschlachteten Festplatten durch die Firma Reisswolf vernichten lassen. So eine volle Tonne kostet schon einiges zu zerkleinern und einzuschmelzen.

Bild: Reisswolf Tonne mit diversen Festplatten

8 FAZIT

Was haben wir aus den bisherigen Überlegungen und Strategien für Schlussfolgerungen ableiten können?

Nachdem Sie die Risiken und ihre Ursachen in ihrer Grundstruktur ein wenig kennen gelernt haben, können Sie mit verantwortungsvoller Vorsorge wirtschaftlichere Ergebnisse für Ihre Organisation erreichen.

Daher empfehle ich Ihnen, nicht durch Selbstversuche ihr wertvolles Dateneigentum zu zerstören. Kostenlose Datenrettungsprogramme oder unqualifizierte Maßnahmen zerstören mehr volkswirtschaftliche Werte. Vorsorge ist so viel wirtschaftlicher und entspannender als der Horror eines kostspieligen Abenteuers im Bereich der Datenrettung.

Nutzen Sie auch bei einem Datenverlust die Hilfe der professionellen Datenretter. Seien Sie aber achtsam wem sie ihr Problemfall anvertrauen. Es gibt viele schwarze Schafe, die nur ihre Kompetenz auf dem Gebiet der Online Werbung haben und tausende von identischen Websites betreiben.

Die im vorherigen Kapitel aufgelisteten Datenretter habe ich bei verschiedenen Schulungen und Fachvorträgen kennen gelegt. Dabei konnte ich mich auch bei verschiedenen Gelegenheiten über ihre echten Labore überzeugen.

9 Autorenprofil

Seit 1986 nutzt Christian Bartsch Computer zur Programmierung von EDV-Lösungen und setzt sich mit IT-Problemen auseinander. Aufgrund der Spezialkenntnisse in der Chipforensik und Tätigkeiten für die Sicherheitsbehörden hat der Buchautor auch eine **Ü3 Sicherheitsfreigabe** nach §10 SÜG für den militärischen Bereich.

Zertifizierungen

- Microsoft Certified Trainer (MCT 2001 bis 2009)
- Microsoft Zertifizierungen (MCP, MCP+I, MCSE, MCSE+I)
- Certified Fraud Examiner (CFE)
- TÜV Süd zertifizierten Datenschutzexperten
- DEKRA zertifizierten Sachverständigen für IT-Forensik

Programmiersprachen

- Turbo Pascal, Basic, Delphi, Java, C++,
- ASP, PHP, Visual Basic, C#, SQL, etc.

Ausbildung

- Industriekaufmann (BMW AG)
- Studium der Informatik (FH München)
- BWL-Studium Management (Monash University, Australien)

Berufserfahrung

- Siemens Tochterunternehmen (IT-Projekte)
- Unternehmensberatung (Kunden: Großbank, TV-Sender)
- KPMG (Forensische Technik)
- ACATO GmbH – Geschäftsführender Gesellschafter

9.1 Vorträge

Seit 2002 hält Christian Bartsch auch Vorträge auf Kongressen in Bezug auf effiziente IT-Organisationen, sowie über nachhaltige Strategien zum Betrieb und der Instandhaltung von IT-Infrastrukturen.

Bei den **Münchner Sicherheitstagen** der Allianz für Cybersicherheit ist er auch auf Bitte des BSI kurzfristig für einen erkrankten Redner einspringen (10/2015). Für den spontanen 45 Minuten langen Vortrag hatte er gerade mal 15 Minuten Vorbereitungszeit, um einen Ersatzthema optimal unter diesen Umständen zu präsentieren.

Mit klassischen Methoden (Overhead-Beamer wie aus den 80er Jahren) zeichnete er für die vielen Zuhörer schnelle anschauliche Diagramme **wo die Probleme in Speicherchips bestehen** und weshalb manche Datenträger ein extremes Risiko für Unternehmen darstellen. Das begeisterte sogar erfahrene Universitätsprofessoren.

Bild: Vortrag an der IHK Darmstadt
während der BSI Veranstaltung in 2017

In 2015 hielt er den einleitenden Fachvortrag bei der internen **Mobilfunk Fachtagung des BKA** (Bundeskriminalamt) in Meckenheim. Dabei konnten die 80+ Experten der Landeskriminalämter, Steuerfahndung, Zollfahndung und Bundespolizei Neues über Methoden zur Beweissicherung aus stark beschädigten Speicherchips erfahren.

Die speziell für Smartphones entwickelte Vorgehensweise lässt sich aber auch **für SSDs und moderne Flugschreiber** verwenden. Auf Flashspeicher basierende Flugschreiber verwenden eine **Raid 0 Konfiguration** mit mehreren gebündelten Speichern und Controller Baueinheiten.

Beim renommierten IT-Forensik Workshop 2016 der **Fachhochschule Aachen** hielt er den Vortrag neueste Erkenntnisse zur Chipoff Forensik. Dazugehörte auch ein Fachvortrag an der IHK Darmstadt, während der BSI Veranstaltung in 2017, über Datenrisiken und den speziellen Strategien für die Abwendung von physischen und digitalen Risiken.

Dazugehörte auch ein Fachvortrag an der IHK Darmstadt, während der BSI Veranstaltung in 2017, über Datenrisiken und den speziellen Strategien für die Abwendung von physischen und digitalen Risiken.

9.2   Im Radio, Fernsehen und in Zeitungsartikeln

Dazu gehören auch **Interviews in Radiosendungen** (BR2 in 2011) sowie mehrere Filmbeiträge in europaweit ausgestrahlten Wissenschaftssendungen (z.B. ProSieben in **Galileo** 2012 und 2013) zum Thema Datenrettung sowie Datensicherheit.

Bild: Interview in der Galileo Sendung

In Februar 2015 erläuterte er im „**n-tv Ratgeber**" wie vermeintlich gelöschte iPhones weiterhin Daten enthalten.

Bei diesen Filmaufnahmen können die Filmteams im Labor die verschiedenen Abläufe nachverfolgen. Es ist immer wieder erfrischend, wenn man vielfach geglaubte Tatsachen anschaulich widerlegen kann. Da bringt sogar erfahrene Reporter zum Staunen.

Bild: Filmaufnahmen im Labor für den Sender n-tv

Bei der n-tv Sendung konnte man in dem vom Sender für die Sendung verwendeten Gerät genau erkennen, wo die Person überall in München unterwegs war. Selbst die in die Voicebox des Smartphones gesprochenen Nachrichten konnten trotz der Löschung vollständig ohne Schäden abgespielt werden.

Auch in Fachzeitschriften zu IT-Forensik und Reinraum Technologie wurden bereits mehrere Fachartikel veröffentlicht. Dazu gehört auch ein Interview im deutschen Fachmagazin „Digital photo" im Sommer 2017, bei dem der Buchautor die Gefahren des Datenverlustes aufzeigte und nützliche Tipps für Fotographen bereitstellte.

Bild: Interview im Digital Photo Magazin

9.2.1 Software Projekte

Um einen effizienten Laborbetrieb aufrecht zu erhalten, begann er 2011 mit der Entwicklung der Fall Management Software „RescueBase". Dieses System ist mittlerweile zu einem ERP-ähnlichen System geworden, da es alle Aspekte eines Laborbetriebs abdeckt und eine wirtschaftliche Vorgehensweise erlaubt.

Dadurch gewinnt man deutlich mehr Zeit, die in die Beratung der Kunden reinvestiert werden kann. Weitere Projekte sind im Laufe der Zeit hinzugekommen, um besondere Fälle zu bearbeiten.

Dabei entstand ein Programm für die Berechnung von Renditen bei Unternehmensbeteiligungen. Dieses System ist seit 6 Jahren bei einer Chemiebeteiligungsgesellschaft produktiv im Einsatz. Dadurch konnte der Kunde unübersichtliche und fehlerhafte Excel Berichte einer Wirtschaftsprüfung durch dieses leistungsfähige Berichtswesen ersetzen. Das Produkt nahm in seiner speziellen Nische in 2016 am IT-Innovationswettbewerb teil.

In 2016 kam ein neues Projekt hinzu, bei dem es um die Bekämpfung von Ransomware ging. Diese Software half bei einem problematischen Fall sodass der betroffene Rechner bereinigt und die Daten entschlüsselt werden konnten.

Heute ist diese "CryptCleaner" Software bereits in über 11 Sprachen übersetzt. Viele erfahrene Datenretter aus allen Teilen der Welt (Bulgarien, China, Finnland, Frankreich, Indien, Italien, Niederlande, Pakistan, Panama, Portugal, Russland, Schweiz, Serbien, Türkei, ...) unterstützen dieses Projekt.

Beim letzten Treffen der Datenrettungsexperten (Prag 2017) haben sich viele Berufskollegen freiwillig gemeldet, um durch fachlich hochwertige Übersetzungen der Programmtexte am Projekt mitzuwirken und ihren gesellschaftlichen Beitrag zu leisten.

9.2.2 Zukunftsvisionen

Im Gespräch mit dem *Apple Mitbegründer* **Steve Wozniak** bestätigte sich der Gedanke, dass durch Wissensvermittlung und Aufklärung der Schaden durch dauerhaft verlorene Daten langfristig in der deutschen Wirtschaft verringert werden kann.

Bild: Interview mit Steve Wozniak in 11/2017

Daher berät der Buchautor Unternehmen im Bereich der Datensicherheit als auf Prävention von Wirtschaftskriminalität.

10 Bibliographie

Folgende Bibliographie verweist auf unterstützende Literatur und respektiert das Urheberrecht einzelner Autoren:

Asma, J. (2011), "Von Modellen und Risiken", KPMG AG WPG, in: „Kes – Die Zeitschrift für Informationssicherheit", Ausgabe März 2011, SecuMedia Verlags-GmbH, p. 6-8

Braiotta, Jr. L., Gazzaway, R.T., Colson, R., Ramamoorti, S. (2010), "The Audit Committee Handbook", 5th Edition, New Jersey, Wiley, ISBN 078-0-470-60822-7, pp. 215-240

Brucnail, J.M. (2011), "Solid state deterioration", published 26.06.2011, abgerufen am 08.12.2012, http://www.techradar.com/news/computing-components/storage/how-ssds-work-969473/2#articleContent

Cannon, D. (2011), „CISA - Certified Information Systems Auditor - Study Guide ", 3rd Edition, Indianapolis, Wiley, ISBN 978-0-470-61010-7

Eccles, R.G, Krzus, M.P. (2010), "One Report – Integrated Reporting for a Sustainable Strategy", New Jersey, Wiley, ISBN 978-0-470-58751-5, p.117

Glenn, W., Lowe, S., Maher, J. (2007), " Microsoft Exchange Server 2007 – Das Handbuch", Unterschleißheim, Microsoft Press Deutschland, ISBN 978-3-86645-116-2, pp. 73, 381, 645

Navarro J., Karlins M. (2012), „Menschen lesen", 8. Auflage, mvg Verlag, ISBN978-3-86882-213-7

Olson P. (2012), "Inside Anonymous", Redline Verlag, ISBN 978-3-86881-349-4

Shook, J., Maher, H., O'Neil, W.T. (2011), "The Lawyer's Guide to eDiscovery Technology for Dummies", Hoboken, Wiley, ISBN 978-1-118-07338-4, pp. 3-22

Shook, J., Maher, H., O'Neil, W.T. (2011), "The Technologist's Guide to eDiscovery Technology for Dummies", Hoboken, Wiley, ISBN 978-1-118-07338-4, p. 3

Toshiba (2012), „Solid State Drive", abgerufen am: 08.12.2012, http://storage.toshiba.eu

Wikipedia (2012), „COBIT", Abgerufen am: 18.08.2012, http://de.wikipedia.org/wiki/COBIT

Wikipedia (2011), „USB flash drive", abgerufen am: 08.12.2012, http://en.wikipedia.org/wiki/USB_flash_drive

Wikipedia (2012), „Hard disk drive", abgerufen am: 09.12.2012, http://en.wikipedia.org/wiki/Hard_disk_drive

Wikipedia (2012), „Backplane", letzte Änderung 28.07.2012, abgerufen am 09.12.2012, http://de.wikipedia.org/wiki/Backplane

11 Index

unverschlüsselten · 42